音乐学家、翻译家、歌曲译配家薛范

薛范编译出版的部分歌曲和文论集

1997年和1999年，薛范分别获得俄罗斯联邦总统叶利钦亲自授予的"友谊勋章"、荣誉证书和中俄两国政府授予的"中俄（俄中）友谊"纪念奖章

2007年访俄期间，被授予"尼·奥斯特洛夫斯基金质奖章"

1997 年 4 月 23 日，俄罗斯红旗歌舞团在上海演出谢幕，薛范上台向观众致意

1999 年 1 月，北京剧院，译海歌潮——薛范翻译作品音乐会

2013 年 10 月，上海音乐厅，流淌心底的歌——祝贺薛范翻译生涯 60 年音乐会

2012 年 4 月，在半淞园街道主讲"苏联早期音乐故事片鉴赏"

和歌友们在一起

签名售书

轮椅『歌痴』交响曲

薛范

海上谈艺录

金波 著

上海市文学艺术界联合会 编

上海世纪出版集团
上海文化出版社

目　　录

艺术访谈

性格决定命运。我性格倔犟，充满进取心。有的人一次次受挫，放弃了，我决不后退！我相信命运，不信上帝。

——薛范

我性格倔犟，决不后退

时　间：2017 年 9 月—2022 年 8 月
地　点：薛范住所
受访人：薛范
采访人：金波

薛范与本书作者金波

轮椅「歌痴」交响曲◆艺术访谈

与薛范先生交往，始于 2017 年。一次，"薛范翻译歌曲音乐会"举办在即，薛老在打浦桥社区文化中心辅导合唱团排练，我闻讯前往观摩。薛老手术后出院不久，那天他精神矍铄，同大家互动交流了约一个半小时。活动结束后还合影、交谈，依依不舍。

薛老的住处离文化中心车程几分钟，我想护送他，薛老没接受。他告别大家，孤零零驾着电动轮椅车驶入夜色。带着对这位八旬老人的几分不忍，我骑上车，拉开距离暗中保驾。薛家所在小区到了，他放慢速度，转弯时侧过脸发现了我。我笑着向他挥挥手告辞,薛老却热情邀我去家里坐坐……

这是我第一次登门拜访,虽然我只逗留了十几分钟,但却得到了意外的收获。薛老还很"配合"地坐在书山前,神定气闲面对我的手机摄像头……

过了几个月,因《新民晚报》副刊部编辑约稿,我再度来到薛老家采访,积累了采访录音等一部分素材。

以后几年,我聆听了薛老在上海图书馆、黄浦区老西门街道的几次讲座,也陪他观看音乐会或出席其他活动,并作过报道。而构成这篇访谈的主体内容,则是2022年前后数月我对薛老的几次"定向"访谈。那时他的健康状况已大不如前,可聊起歌曲译配及自己的经历,薛老犹如精力充沛的年轻人……

自学让我善于思考

薛范(以下简称"薛"):我小时候有点犟头偶脑。小学是在淡水路第一小学上的,这所学校已拆了。读中学时,难免受欺负,我也得到大家的帮助。同学么,各种各样。所以我在正常的环境中成长,没有受欺负了就哭、告状。去学校上课,表哥、舅舅等用自行车接送我。

我是震旦附中最后一届毕业生,中学里学的是英语。我考取上海俄语专科学校,结果去学校报到却被拒收。因为体检时医生没注明我是残疾人,学校把我作为身体健全的考生录取。这件事在我心里留下了阴影,考不取是我没本事,我考取了……

报到回来,我两天两夜没吃一口饭。母亲对我说:你不要胡思乱想,只要我们还活着,就会有你一口饭吃。我们没了,你还有弟弟妹妹,有人民政府。我有句话没说出口:我凭什么要让别人养活?这句话管了我一生。

现在写残疾人,都是一个模式,自卑,经过别人鼓励,学习保尔·柯察金榜样,振作。如张海迪、吴运铎。作为残疾人,我不要看这类报道,千篇一律。文艺作品里都是成功者,还有没成功的呢?多得是。我成功了,正好遇到那个时代。如果是现在,我就不会成功,别人会问你什么学历、大学,外文怎么学的。现在都是留学的。

金波(以下简称"金"):那是您这颗"种子"好。上世纪50年代也有不少奋斗的残疾人,"薛范"不也没几个?

薛：性格决定命运。我性格倔犟，充满进取心。有的人一次次受挫，放弃了，我决不后退！我相信命运，不信上帝。

金：那次您驾车冲上斜坡，我对您的了解也"开了窍"。像您这样的年龄，谁敢。车倒了，您爬起来，神色不变。用震撼表达我的感受，毫不为过。

薛：因为我不知道命运之神究竟对我怎么安排。假如我命中注定要成为翻译家，那我外文也不用学了。用现在的话来说，机会等待有准备的大脑。机会就是命运，抓住了机会，就可能改变命运。我努力，也有失败的心理准备，不会遭受失败而垂头丧气，因为这也在意料之中。我与别人不一样吧。

金：中学毕业后，您一直没有工作？

薛：我做了一次手术，手术后胸部、背部被包裹得严严实实，像俄罗斯套娃。这样客观上也不允许我去找工作，只能在家"啃老"、做做家务。我学会了做蜂窝煤。

我收到第一笔稿费12元，那时大学生第一年工资每月36元。年轻时上午稿费来了，我下午就去书店买书。我还学西班牙语，请私人教。

很多年后，上海外国语大学请我去讲课，我旧事重提：几十年前我考取了上外（上海俄语专科学校），可学校拒绝我入学，我现在反而作为客座教授来讲课。不过有一次我收看了一档电视节目后心气平了。有位教育家谈中国教育，他认为中国大学生在学校学习期间，就是在证明早已被别人证明的知识。就像做选择题，A、B、C、D，都有标准答案。你必须符合标准答案。我听了，心平了。我没有读大学，我高中毕业后获得的所有知识，都是靠自学，没人给我标准答案。

自学让我善于思考，这是我的长处！为什么有的人学了没长进，因为不动脑筋。老师怎么说他就怎么学，不思考。我自学中国古典文学，各位教授在书本上的注解不一样，我在书店里查到的注解又不同。到底谁对、谁正确，必须自己判断。一时无法判断的，则会放在心里，经常思考。

我翻译歌曲也如此，没有老师。歌曲翻译与小说、散文翻译有什么区别呢？靠自己摸索。比如押韵，什么韵脚好。我一生都在摸索。我自学音乐，学音乐史、音乐理论、音乐作曲、和声学，都学。外国歌谱没有简谱，都是五线谱，五线谱不识怎么翻译？都靠看书自学。那时除了吃饭睡觉，都扑在学习上，天天泡上海图书馆。弄一杯水、一只面包馒头，早出晚归。

金：那时上海图书馆在黄陂北路、南京西路口吧，您住哪？

薛：对。我住黄陂南路。对我来说，靠手摇轮椅车、拐杖，这么长一段路。我天天在图书馆，研究中国历史，看《史记》《资治通鉴》等等，书不能外借。我能取得些成绩，靠的是勤奋自学、思考。读者读了《别了，我的文学梦》，一定不会想到，我这个翻译家学习范围这么广泛。

俄中友谊勋章分量不轻

金：薛老，如果把1960年代初到1980年代初喻为您事业的"冰封期"，那么您遭受的冲击和损失何止"十年"。

薛：中苏关系1961年恶化，只能翻译拉美、非洲歌曲，渐渐地这方面的资料也没有了。"文革"抄家，家里除了四本"语录"，其他书籍和资料都没有了。1976年"文革"结束，外文书仍看不到，中苏关系直到1985年后才松动。苏联歌曲虽然可以唱了，但图书馆里的相关"苏修"资料仍被打包封存。开禁借阅，需要政策，需要工作人员花时间整理。这样算下来，俄苏歌曲翻译整整停顿了25年。

金：2007年您第一次访问俄罗斯，请谈谈感受。

薛：这次访俄，是我长期致力于中俄友谊的一部分。我搞歌曲翻译，报中国译协评奖，从未有过，上海市文联、上海翻译家协会是考虑到我的翻译经历在俄罗斯的影响，以及对中俄文化交流、中俄友谊的促进。叶利钦颁发给我的，是友谊勋章，中国只给普京、库利科娃两人颁发了友谊勋章。你想这是什么级别的友谊勋章！以前，中国翻译家获得的是高尔基勋章、普希金奖章，而且属于纪念奖章，有哪位获得过这样的友谊功勋章？颁给我俄中友谊勋章时，没提我翻译歌曲，而是"为增进俄中两国人民友谊和相互理解，做出了杰出贡献"。

访问俄罗斯期间，我又得了个"奥斯特洛夫斯基奖"，俄方称我是"中国的保尔·柯察金"。

别的代表团出国访问，费用由有关机构、团体，或自己承担。我们十多个人中，有四个名额交通、住宿费用由俄方支付。

金：完全应该，这么多年您付出了多么巨大的心血。

薛：不能这么说。实际上俄方知道我穷，没钱支付。当然，如果今天我访俄，文联会赞助。

金：您在这里住了多少年了？

薛：我获得俄中友谊勋章时已住在此。我搬到这里后发现还不错，唯一的缺点是没有客厅。现在这里成为市中心了。

我不是翻译匠

金：薛老，能否谈谈您在歌曲译配方面的艰辛。

薛：口说，无法说清楚。即使能说清楚，你也不一定能写出来。比如举个简单的例子，《没人要的孩子》，歌词原文"没有妈妈的亲吻，没有爸爸的笑"这句，我处理成"没有爸爸的抚爱，没有妈妈的吻"。本来很普通的句子，翻译很简单，也押韵，为什么要换呢？因为音乐在起作用。

当然，有些话可以说得很清楚。如我常说：歌曲翻译首先姓音，音乐的音，其次姓文，而诗歌翻译姓文。冯春翻译普希金，要根据原诗怎么押韵的、有多少音步等，但到了我们这就不行。我们还有个音，所以难就难在这。国内有位大翻译家曾对我说，莫斯科夏天夜短，《莫斯科郊外的晚上》里"长夜"应该翻译成"傍晚"或"夜晚"。我与他争论什么呢？他很有名，但不知道歌曲翻译还有个音。

上海翻译家协会多次提出要举行薛范作品研讨会，我都谢绝了。开研讨会，一是大家来捧场，影响怎么大之类。你从理论上怎么研讨？翻译家吴钧陶认为我的翻译随意性太大，即创作的成分比较多。这是内行话，但他是从诗歌翻译的角度来理解的。他不了解我为了"唱"。吴钧陶懂音乐，也翻译过歌曲。他翻译的歌节奏对，但音和词的结合还需斟酌。

金：每一位文学翻译家都是文学艺术的再创作者。您以自己的成就，证明优秀的歌曲译配者同样如此。对此您怎么看？

薛：有一次，我看到电视里播出一档节目，不禁感慨万千。在电影《甲午风云》中，李默然饰演邓世昌，王秋颖饰演李鸿章。1986年王秋颖患肝癌。最后时刻，王秋颖想见李默然一面。李默然中断工作，直接赶去医院。王秋颖剧痛刚被止住，正昏迷着。守在病房外面的医生、护士不准李默然进去。李默然央求、争辩。就在这时，病房里的王秋颖醒来，忽然喝问："谁在二堂喧哗?"李默然连忙分开医生、护士，推开病房门，应声而入，单腿跪地，低头道："回大人，属下邓世昌，拜见中堂大人!"电视中，李默然回忆到此处，泪流不止。

我看了也泪流满面，他俩对艺术的痴情、对艺术的忠诚、对艺术的追求都表现在这里。我的一生也是这样。我不是翻译匠，我一生痴心于艺术、追求于艺术、忠诚于艺术。我们年轻的时候都把保尔·柯察金的话当座右铭。保尔·柯察金说："人的生命只有一次，一个人应该这样度过：当他回首往事时，不因虚度年华而悔恨，也不因碌碌无为而羞愧。"我回想往事，我对得起这两句话。我的一生除了吃饭睡觉，所有的时间都对得起这两句话。包括看电视，我看电视剧，一边看一边在想如果我创作剧本，我会怎么写。我的大脑从来没有空白过，即使开着轮椅车，也会在思考。

薛范只是个符号

金：有相当一部分爱好者，他们读外国名著、唱外国名歌，却往往忽略了翻译家的名字。这是个有趣的现象。

薛：吃鸡蛋，谁会关注哪只母鸡生的。1994年，北京第一次举行俄罗斯歌曲音乐会，我出乎意料："原来我还这么有名气!"北京的新闻媒体，在报道中把王洛宾和薛范比喻为两大出土文物。后来我想明白了，观众，尤其是中老年观众之所以爱听、爱唱俄苏歌曲，一个重要的因素在于：这是青春的记忆，青春的信仰，俄罗斯情结。

就像有首歌唱的："请你不要再迷恋哥，哥只是个传说。"(陈旭《哥只是个传说》)薛范只是个符号。

金：薛老，您对自己的译配生涯，曾以"只重耕耘，不问收获"概括。近十几年来，您相继获得上海翻译家协会"资深翻译家"称号、"特别贡献奖"，这次又喜获中国翻译协会"翻译文化终身成就奖"。现在您如何看待丰硕的收获?

薛：上海市文联的沈文忠副主席非常抬举我。你想，在翻译界把我抬上去，他要做工作。译配歌曲的艰辛，别人很难体会。《我的文学梦》，写到我开始怎么自学，学了些什么内容，什么时候发表了哪些作品，都在里面，相当于我的自传。这是第一次发表。我有本理论书《歌曲翻译探索与实践》，别人看不懂，也没兴趣看。歌曲翻译是小儿科。音乐学院有门课：音乐学，研究作曲、理论、音乐史、歌剧、交响乐、配器，歌曲算什么？下里巴人！同样，翻译家里，草婴翻译列夫·托尔斯泰，冯春翻译普希金，翻译歌曲也是小儿科。翻译歌曲是音乐界的小儿科，也是翻译界的小儿科。

中国翻译文化终身成就奖上海获奖者，草婴翻译小说，任溶溶翻译儿童文学，王智量翻译诗歌。像我搞歌曲翻译，报中国译协终身成就评奖，从未有过。

金：薛老，那您有没有尝试翻译中国歌曲？是不是难度较大？

薛：当然困难，我们中国人翻不好。翻译界有个基本共识，翻译最好由母语国家来做。网上由国人翻译的中国歌曲不少，如《我爱你中国》《我爱我的祖国》，可他们都不懂歌曲翻译。

我有一年在哈尔滨参加有关论坛，前面一排坐着莫斯科柴科夫斯基音乐学院、格拉祖诺夫音乐学院等著名学院的好几位院长，我在发言中对他们说，我们中国已经把从十月革命到苏联解体共72年间有代表性的俄苏歌曲都翻译介绍过来了，而且其中许多歌我们还在唱。可是不对等呀，我希望你们也组织些人，把中国的优秀歌曲翻译介绍到俄罗斯。结果一位院长当场应答：因为俄罗斯没有薛范。在莫斯科音乐学院，这句话广为所知。有位中国留学生经常被问及："你们中国是不是有位薛范?"

金：几十年来，您付出了巨大的心血，应该让更多的人了解其中的意义。

薛：我的经历，他们没兴趣。将来我不在了，我翻译的歌如果大家还在唱，那我就活在他们心中，我满足了。所以以前我不愿意别人写我的传记。

金：您的故事和精神，非常激励人。研究您译配生涯者，一定也需要更丰富的资料。我看到有不少相关论文。

薛：他们引用了我的译配理论等。还有一些写我的文章，都集中在怎么翻译《莫斯科郊外的晚上》等。采访的人第一次听我说,而我真正的粉丝却问我:薛老师,怎么这么多人写来写去、翻来覆去就是这些内容?

金: 所以要让您的粉丝、音乐爱好者以及广大读者能通过您漫长的艺术人生,以更广阔的视野了解您,并从中受益。

金: 薛老,您2020年出版的《薛范60年音乐文论选》,厚厚两本,令人惊喜、惊讶。

薛: 我以前出版的大都是歌曲集。我把改革开放后撰写,发表在杂志、报纸上的音乐文论汇集起来,想不到有两大本。两本还没有完,这些还不是全部。你看,《歌曲与电影》《歌曲与翻译》《别了,我的文学梦》是最主要的几篇。《我的文学梦》是我的自传,很多情节没对人讲过。《俄苏歌曲赞》,你写我的传记一定要引用,因为这篇是对俄苏歌曲的最高评价!

金: 好的,一定!

艺术评传

第一章

洗礼黄河

人们常有"开窍"之说。那么，要说我在音乐上的真正"开窍"，则是在我 15 岁——也就是新中国诞生以后。第一次震撼我的心灵，第一次使我体验到音乐的力量，是冼星海的《黄河大合唱》——特别是最后的终曲合唱：《怒吼吧，黄河！》。

——薛范

第一节 "声远大哥哥"

啊，终于下课了！告别了钢琴老师，他尖尖的下巴抬起，长长吐了口气，然后一拐一拐地挪到钢琴旁，慢慢坐了下来。

欢快的旋律，亲切又带着几分神秘，倦怠一扫而空。他的手指在灵巧地跳跃，琴声把他带到陌生的国度，讲述着迷人的异国故事。

小声远对琴键又爱又怨。他受够了枯燥乏味的技能练习，多余的踏板是摆设，似乎在时时提醒：你多么无能。他才不愿当钢琴家呢。但是，变幻莫测的琴键，又为声远打开了一片可以自由驰骋、尽情翱翔，无边无际的天地。

阳光，透过西边高高的落地门窗洒进室内。玩累了，尽兴了，他抓过一本童书，安静下来。与音乐相比，童话世界更令小声远如痴如醉。

闻声远的家，在上海黄陂南路中段。砖木结构三层联排西式住宅沿街而列，坐东面西。外凸阳台铁艺护栏精巧有致，清水红砖外立面简约美观。在由峨眉山路、贝勒路向南黄陂路、黄陂南路演化中，这条当年法租界内南北向的街道，以红色文化、海派文化、织机作坊融入城市变革的历史潮流，见证了"新天地"的诞生。街道两旁，分布着不少老式石库门、新里、公寓、花园住宅。闻家挨着一家规模不小的织厂，附近还有大大小小几十个作坊，悠悠然而不失烟火气。

父母是企业高级白领,虽说也与千家万户一样要面对不安分的物价,那时家里能拥有钢琴、留声机、书橱、相机,显示了中产阶层家庭主人经济的从容及艺术修为。他们先后生养了八个孩子,其中两个后来名扬四方。

薛范父亲闻海鼎

薛范母亲黄灏

最让他们牵挂,并成为一生心中隐痛的是长子声远。

一个活泼可爱的男孩,忽然变成了下肢瘫痪的残疾儿。上下学,靠大人抱,靠大人背,将来的日子他怎么过?

声远读完了小学、初中,上海解放这年他升入高中。又过了几年,他居然投起稿,又翻译歌曲……

"声远哥哥,声远哥哥!"楼下传来一阵稚儿的叫声。声远连忙应声招呼:"志强,你们来啦。快进来!"

顺着木楼梯,进入二楼大哥哥房间的,是文庙路第二小学中队主席陈志强和几位同学。大哥哥身残志坚、刻苦学习,是自学成才的榜样,被聘为他们班级的校外辅导员。志强家在老西门中华路,离大哥哥家不太远。差不多每个周日,几个孩子就会来到他们崇拜的大哥哥家,听他弹钢琴,一起唱歌。

志强和他的同学们是"声远哥哥"最早的一批歌迷和崇拜者。60多年后,"闻声远"的名字几乎早已销声匿迹,但陈志强依然一口一个"大哥哥""声远哥哥",可见感情之深。

一张 2 寸的肖像照上,英俊的大哥哥戴了顶帽子,胸前扎了条红领巾,"志强,这张大哥哥的照片你留着吧"。

从大哥哥手里接过照片,小志强高兴地打量起来,"大哥哥,你的红领巾扎得真漂亮!前面有两个角,一高一低,左右分开"。大哥哥哈哈大笑:"苏联少先队员就这样扎,与我们不一样。"志强恍然大悟,他兴奋地把照片翻过来。照片背面,有大哥哥题字:志强小朋友留念 声远 1956 年……

小志强和同学渐渐长大,1957 年他小学毕业,考进市南中学,小朋友们依然经常与声远哥哥保持来往。大哥哥书房里满壁的书籍,一直是他们的话题。同学们还经常把"声远哥哥"从楼上抬下来,推上用藤靠背椅加四个轮子自制的"轮椅",到人民公园、复兴公园游玩,拍照合影;到上海音乐厅听第一届"上海之春"音乐会;到复兴中路上的长城影院看电影。

"大哥哥担任我们校外辅导员的时间很短,前后只有两年左右,不过对我们这些小孩子的成长,却有着极为深刻的影响。"陈志强的话发自肺腑。

闻声远大哥哥只比小朋友们大 12 岁。他 1934 年 9 月 21 日出生,祖籍浙江慈溪。

2500 多年前,鲁国大夫少正卯远近闻名,被誉为"闻人",他的一部分后代便改姓闻人。漫漫岁月,流动迁徙,闻人氏中的一部分,又将闻人复姓改为单姓闻。直到今天,慈溪仍有个位数复姓闻人的市民。

声远对中国古典文学、中外戏剧、电影等兴趣浓厚。他曾拟过几个研究课题,闻一多研究排列第一。成名后,越来越多的人记住的,是他的笔名:薛范。"闻声远"渐渐鲜为人知。

第二节 病毒与英雄

轮椅车上的薛范,用一条薄毯盖住双腿。他带给人们的视觉影像,通常是自信沉稳、谈笑自如、刚柔相济。薄毯,虚化了不堪回首的苦难。

人脑和脊髓,构成了人体的指挥部——中枢神经系统。它遭遇的"黑客",形形色色。其中,由来久远的脊髓灰质炎病毒百余年前才被发现。隐秘的侵犯,造成脊髓和呼吸受损,导致肢体松弛性麻痹。这种能急性传染的杀手重则夺走人的生命,或使之留下无法逆转的残疾。由于儿童受害者居多,脊髓灰质炎又称小儿麻痹症。

小声远两岁时突发高烧,烧退后更大的隐患显露:脊髓灰质炎病毒侵入他稚嫩的中枢神经系统。父母背上儿子四处求医,病毒虽被生命防线击溃,但小声远的下肢变得麻木、瘫痪,不能站立和行走。更糟的,是肌肉萎缩、畸形。

薛范轻描淡写地向很多人叙述过"病毒"的遗患,有效地分解了他们悲天悯人的注意力。感同身受永远是妄想,只有亲身经历才能深刻体会。薛范母亲耄耋之年讲到儿子幼年期的凄惨,仍老泪纵横、几度哽咽。薛母、摄像机口述实录,我们的"妄想"剧烈波动,多少理解了为何在上世纪40年代的美国民众中,脊髓灰质炎引起的恐惧程度,排名紧靠原子弹之后。

在子女的培育上,声远的父母十分出色。声远从小接受音乐熏陶,并由私人钢琴老师辅导。父母没有奢望儿子成为钢琴家,他们寄望的是音乐对儿童形象思维能力有益的推动,寄望儿子能感受和理解音乐优美、崇高的情感特征。学了几年钢琴,能弹弹钢琴小品了,声远抗命坚决不再学琴。他习惯了听收音机播出的音乐节目。

当然不仅仅是音乐。闻家二楼的落地大书橱里,那套开明书店出版的"世界少年文学丛刊",使声远沉浸于《稻草人》《古代英雄的石像》《木偶奇遇记》。他对《安徒生童话》《爱的教育》《续爱的教育》也爱不释手。

童年薛范尝试着用两只小手掌按着楼梯踏板,支撑起躯体上下"行走",令人难以想象。而他优渥、充实的文化滋养,即使在今天,多少人翘首以盼、难以企及!

声远读萨坡赛小学,每天上下学、回家吃午饭都靠家人用自行车接送。学校由法国建筑设计师赉安设计,后随路名更改,它被称作淡水路小学等。曾在我国医学界创造"一门四院士"佳话的著名内科血液学专家王振义、梅兰芳先生之子梅葆玖、著名外交家章含之、声远的弟弟闻雪友院士等也出自这所小学。

小学有英文课。上海沦陷时期,日伪当局要求开日文课,但学校只教了些日文字母和简单的日常用语,装装门面应付检查。

百年名校也少不了调皮蛋。有同学见声远有疾,有时用手对着他后脑勺来一下。声远转过脸,又听嘿嘿一笑:"你来追我呀。"

闻声远就读的敬业中学,源于两百多年前的申江、敬业书院。林则徐任江苏巡抚期间视察上海,他下榻敬业书院,挥毫题写"海滨邹鲁",褒奖敬业书院为东海之滨培养出类拔萃的人才。提倡"开眼看世界"的改良主义先驱、维新思想家冯桂芬,曾于1860年至1862年间任敬业书院山长。敬业学堂,培育了近代物理学奠基人叶企孙等栋梁之材。抗战时期,敬业又是上海学界救亡运动中心之一。

在这所上海历史最久远的名校,闻声远迷上了历史,尤其是南宋史。战火频仍,铁马冰河,山河破碎,丹心汗青,他钦佩仰止的人物有岳飞、文天祥、辛弃疾,等等。

他性格中的豪气,可以从借书轶事寻踪溯源。

一次,看到同学有本《说岳全传》,声远想一睹为快。同学一时不愿借,声远捧出自己积攒了三年的邮册:集邮册送你!书借我三天。声远如愿以偿。薛范在《别了,我的文学梦》中,道出《说岳全传》和岳飞对他的影响:"我从星期五到星期日这三天里简直是废寝忘食,随着小说情节的发展,兴奋激动,切齿痛恨,到最后泪流满面。当时我还不满15岁,岳飞成了我心目中第一号顶天立地的英雄。由此延伸开去,文天祥、辛弃疾、陆游,一个个后来都成了我崇敬的对象。我当时已会全文背诵岳飞的《满江红》和文天祥的《正气歌》。再后来,由此延伸开去,爱上了宋词,开始研读宋朝的历史。"

声远上课也会开小差。有一次,下课铃声没响他偷偷看起报纸,班主任发现后在班里不指名批评,声远还写了份检讨书。

每年六一,声远和弟妹们特别开心。母亲带孩子去书店,让他们挑选各自喜欢的读物。

闻声远是戴着眼镜毕业的。在敬业中学期间,他读过并能记得书名的中外名著,至少还有巴金的《家・春・秋》、冰心的《寄小读者》、丰子恺的《缘缘堂随笔》;英国作家斯蒂文森的《金银岛》、狄更斯的《雾都孤儿》《大卫・科波菲尔》、福尔摩斯探案,法国作家儒勒・凡尔纳的科幻小说等。

他把在初中时期阅读的丰子恺《音乐入门》和《音乐知识十八讲》,视为"我的音乐启蒙"。音乐是他能够享用一生的财富,而自己的事业与音乐密不可分,这却是声远怎么也不会想到的。

第三节 少年开窍

蓝天白云下,一面面五星红旗悬挂在大新公司外墙,从五楼窗台直达三楼窗口。毛泽东主席、朱总司令画像上方和两旁,拉起了庆祝中国人民政治协商会议成功召开、庆祝中华人民共和国成立、庆祝中央人民政府成立的横幅。1949年10月1日,上海各界游行欢庆活动热火朝天,南京路上观者如云。

中学时代的薛范

大上海步入了新的征程。闻声远也升高中了。

重庆南路上的震旦大学附属中学与马路西面的震旦大学医学院,同为近代大教育家马相伯创办的教会学校。它们与昔日的公董局大楼、法国学堂、法国总会、法国公园、广慈医院、伯多禄天主教堂、国泰大戏院、巴黎大戏院等都是法租界的地标。

入学第一天,班主任告诉闻声远:学校以前从未收过残疾学生。你要勤奋学习,不要自卑,要和别的同学一样,将来为新中国的建设事业做出贡献。

声远是震旦附中最后一届毕业生。班主任堪称他人生和事业的指路人,是这位老师向声远推荐了苏联长篇小说《钢铁是怎样炼成的》《真正的人》等。对声远影响较大的外国文学作品还有《青年近卫军》《卓娅和舒拉的故事》《绞刑架下的报告》《牛虻》,等等。1989年,薛范发表于《解放日报》副刊的《我起步在共和国的黄金时代》,深情回顾了高中生活——

学校有幢四层教育大楼。按惯例,底层是初一年级各班,年级越高,越往上升。自从收下我这个双腿残疾的学生之后,校方为我做了破例的安排——我所在的教室始终留在底层,直到我毕业。那时,一些临时性的活动,例如去大礼堂听报告、参加课外兴趣小组、集体看学生场电影等,常由同学们轮流背我,上化学实验课要去区科技站,每次总由化学老师用自行车送我,并背我上楼。我毕业的时候请他在我纪念册上留言,他写下了至今令我感到温暖的临别赠言:"我们每个人都有缺陷,它不能因此成为我们的累赘。'爱迪生因为耳聋而感到快乐!'"

在那个年代,我几乎忘了自己的残疾,也无暇顾影自怜。我觉得自己同健全人没什么两样,只要努力,处处有一展抱负和才能的机会。我觉得自己是生活在一股暖暖的洪流里,周围有那么多真诚的同志和朋友拥着我一起高歌向前。我热望和大家一样,为国家为人民去创造有意义的人生⋯⋯

　　我断然否认自己天资聪颖。我今天能做出一点成绩,完全是因为我刚步入人生道路正遇上一个好时代。我不止一次说过:"没有五十年代,就不可能有薛范。"

闻声远读中国四大名著,读鲁迅、郭沫若、茅盾、闻一多、徐志摩⋯⋯他崇拜牛虻、崇拜在昆明演讲的闻一多、崇拜莱比锡法庭上的季米特洛夫。曹禺、梅兰芳、斯坦尼斯拉夫斯基又引领他进入戏剧艺术世界。

充满理想、歌声嘹亮的时代,诗歌是人们言志抒情必不可少的载体。他啃《唐诗三百首》;遨游于郭沫若、田间、李季、徐志摩、戴望舒诗集;对《普希金文集》爱不释手。

他对文学"真正地动了感情"。

声远各门功课成绩优良,除了英语、化学平平常常。他幻想,自己将来是个历史学家,或文学评论家。

"倾心"很快得到了回报。闻声远高二时升任班级墙报主编,瘦弱的他有板有眼地指点江山。走向文学家的第一步也有声有色,捷报频传:他写的一首八行诗歌,投给上海《青年报》,很快发表。没多久,声远创作的广播剧《祖国,我为了你》,由华东、上海人民广播电台"青年节目"对外播出。

弟弟妹妹和同学们羡慕不已,父母、老师也满心期待声远再传佳音。但是,流星掠过,光焰迟迟不现。

沉静持续了两年,花果产生了变异。此前,一场灵魂洗礼使他渐渐痴情于音乐。

1949 年 10 月 30 日,人民音乐家冼星海逝世 4 周年纪念日。中华全国音乐工作者协会上海分会决定,在纪念日当天和 10 月 31 日主办纪念音乐会。

声远在几位同学的鼓动下,非常难得地前去欣赏。傍晚,同学们轮流背着他来到逸园,广场上搭了座数十米宽的露天舞台。

逸园,曾经的跑狗场、远东大赌窟,1949 年起摇身蜕变为上海各界人士集会、市民观看文艺演出的大型演出场所。1952年改扩建后,更名人民文化广场,后正式命名为文化广场。薛范成名前后在此参加的几次活动,对他的艺术人生具有重大影响。

纪念音乐会上半场演唱聂耳、冼星海的声乐作品。下半场,是冼星海代表作《黄河大合唱》。独唱演员有周小燕、章枚、李自曙、魏鸣泉、廖一明、陈伟。

1949年10月,周小燕在《黄河大合唱》中的演出照

《黄河大合唱》借鉴西方古典音乐的表现技巧,作品以黄河象征中华民族,清新优美,气势宏伟,具有鲜明的民族风格。《黄河大合唱》以独唱、二重唱、轮唱、合唱等形式,讴歌了苦难深重的中国人民在民族危亡的生死关头不屈不挠、不可战胜的英雄气概。

管弦乐队奏响了序曲。舞台上传来亲切的朗诵。

惊涛骇浪中,船夫们号子急促有力,声远顿时"整个身心就被紧紧抓住"。《黄河颂》《黄水谣》《黄河怨》《保卫黄河》《怒吼吧,黄河!》,一个个乐章层层递进,高潮迭起。声远仿佛化为黄河浪花,高高掀起,呼啸奔涌。

"怒吼吧,黄河!""怒吼吧,黄河!"来自上海30个音乐团体的200位合唱队员放声高歌,一遍遍发出"战斗的警号"。全场气氛沸腾,声远"只觉得周身的热血一齐往上涌……"

薛范《对音乐的痴情》一文称这次经历犹如"开窍"。15岁的他没想到音乐有这么大的震撼力量! 从那时起,他不但又开始喜欢上音乐,而且至死不渝。

1951年10月和1955年10月，上海市文联等在文化广场又两次举办了纪念冼星海音乐会。他是否又接受了洗礼，我们无从得知，但其间，闻声远"隐退"，薛范临风，他与音乐已难解难分。

第四节　不被命运卡咽喉

晨光熹微，街头平静。上海电台突然中断播音，旋即，收音机传出响亮的声音："大上海解放了！"

1949年5月25日清晨，电波宣告了一个新时代开启。两天后，"上海人民广播电台"开始播音。

新闻、公告、音乐、戏剧、教歌，每天早中晚广播三次，内容丰富。

上海人民广播电台、华东人民广播电台，两块牌子一套班子。不久，一份薄薄的音乐"小册子"《广播歌选》，由两个电台的广播乐团编辑创刊，向社会发行。

《广播歌选》仅十几页，歌谱内容多为翻身道情、歌颂战士、歌唱劳动等。每月一期的《广播歌选》出版，闻声远与歌曲发烧友同学人手一册，按谱学唱，相互交流。他们的兴趣点，也放在民间音乐介绍，外国歌曲，经验理论，音乐及文艺节目、教歌及乐理讲座时间表上。

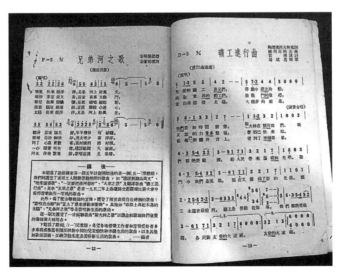

《广播歌选》1953年4月号

在歌声中,怀着对文学的憧憬,高三的学业即将结束。震旦附中合并后也将成为向明中学!

声远今后的路怎么走?

超脱的父亲没有表态。母亲黄灏体贴入微,儿子的身体缺陷总是她的心病。声远将来以何为生?她考虑过千百遍,最后的结论是会计或中医:在办公室拨拉算盘珠子,或者坐堂门诊!母亲综合论证、小心翼翼的建议还是没被儿子接受。声远甚至不加考虑:我讨厌数字,最不愿意做会计。老中医,老中医,老了才吃香,我得熬到猴年马月?

儿子的理由显然勉强,他的数学成绩不差呀,而且歌谱上满眼阿拉伯"数字",你看得有滋有味么。母亲明白,声远志不在此,她便不再吱声。

声远有自己的主意。平时听广播,收音机免不了闹情绪,他摆弄一番,故障即除。次数多了,摸到门道,他会自己组装矿石机、晶体管收音机。

文学梦想励志、浪漫,可将来赖以生存,声远哪敢想。"无奈"的他目标是报考无线电工程系。

得知声远将来当无线电工程师的意向,班主任又在高考前填写志愿时引导声远:根据你这样的身体状况,我建议最好读文科,"学俄语比较适宜,将来从事文字翻译工作,像保尔·柯察金那样用笔作为人生战斗的武器。中外文化交流非常需要这方面的人才!"

换了任何一位老师,都不愿轻易赞同自己的学生"弃长就短",何况声远潜质显露、不止一次发表作品。班主任这番话醍醐灌顶,声远在人生的三岔路口放弃了妥协。老师量身定制为学生拟命题作文,声远用一生挥写华章!

声远接纳了老师的建议,但他把学俄语当翻译"安排"为副业。中文系,文学仍是他的第一专业。

1952年8月15上午,声远与7万多名考生进入新中国首次全国统一高考考场。3天共考8个科目。

第一步看似很顺利。他考取了上海俄文专科学校。尽管有点"不如意"——第一志愿中文系落空。

9月1日,开学的日子转眼到了。声远踌躇满志地由母亲陪同,前往虹口东体育会路上的"上海俄专"报到。

负责新生接待的老师愣了,眼前的新生闻声远个子矮了一截,他拄着双拐,后背驼弯。"上海俄专"不招收残疾学生,闻声远被拒收。震旦附中的特殊待遇没有延续。

问题虽然出自高考前体检的医生:体检报告漏注"肢体残疾",但命中注定的拒收绝非乐与悲瞬间转换的玩笑!我们也可以把它想象为上苍的慈悲,它任由声远触碰底线,感受到自身的能力。

"考不取是我没本事,可我考取了……"声远血气方刚,回到家两天没吃一口饭。他才18岁,待参悟"天意"、消解心间阴影,已是几十年之后。

一家人吃晚饭了。声远坐在窗前,默不作声,父亲慢悠悠喝着闷酒。天暗了,万家灯火。弟弟妹妹们饭后下楼玩去了,母亲又把碗里的菜热了一遍,端到桌上。闻家父子,一个仍不慌不忙细咽慢饮,另一个无动于衷打量夜空。

"吃晚饭吧,声远。"母亲忍不住又相劝,"声远,你不要胡思乱想,只要我们还活着,就会有你一口饭吃。我们没了,你还有弟弟妹妹,有人民政府。人民政府不会让人饿死。"

声远转身注视着母亲,欲言又止。"我凭什么要让别人养活?"话到嘴边,被他压了下去。

"这句话管了我一生。"薛范晚年有感而发。

凭什么要让别人养活!所幸他没有脱口而出。在慈母面前,管了他一生的这句话,既足以令他自豪,也应该使他常暗暗羞愧!

这年9月25日、9月29日,被录取考生名单相继由《人民日报》《解放日报》"发榜",昭告天下。

奇迹不会出现,一切"无可挽回"。声远遮掩住心头的阴霾,他要为证明不靠别人也能养活自己而行动。

他把搞文学评论、文学研究作为突破口,高中国文、历史、地理的高分成绩给了他信心。他以复旦大学中文系课程为参照,开始自学。

再学门俄语。在淡水路小学,声远从三年级开始学英语。家里没人会外语,他也不喜欢。中学时期,他有两门课成绩总勉强保持在及格线之上:英语与化学。填高考志愿前,班主任的话打动了声远:"我们要向苏联学习很多建设方面的经验,你学了俄语以后可以用笔翻译,为祖国、为社会主义服务。"

如果你看见一只轻舟,

被狂暴的波浪紧紧地追赶——

不要用烦忧折磨你的心儿，

不要让泪水遮蔽你的两眼！

波兰 19 世纪伟大诗人密茨凯维支的《航海者》，是声远最喜爱的诗，它如同座右铭，陪伴了他 60 多年。

不，我愿同风暴比一比力量，

把最后的瞬息交付战斗，

我不愿挣扎着踏上沉寂的海岸，

悲哀地计数着身上的伤口。

声远一次次默念着《航海者》，像心中一位位不屈的英雄挺身而起！

"我要扼住命运的咽喉，它不能使我完全屈服！"贝多芬的豪言壮语气吞山河。薛范炙手可热后，他没有刻意解读巨人的名言及其《英雄》《命运》交响曲，借此为自己的奋斗与成功贴上标签。他甚至惜墨如金，很少提及。他只是"示弱"，柔中见刚：我不让命运扼住咽喉。他相信命运，他用一生与命运周旋，歌唱不息。

第二章

晨曦载曜

上世纪50年代是我们共和国的黄金时代，也是我事业上的黄金时代。我半数以上的翻译歌曲都是在那个时代发表和出版的。

——薛范

第一节　歌声飞扬的时代

收听广播教学，是声远学习俄语的"捷径"。他学俄语的初心，是为将来文学评论、文学研究、戏剧研究的"主业"，多少有点不得已。他甚至笑嘻嘻打趣：这是一个历史的误会。

条条大路通罗马。透过声远向薛范的"进化"过程，我们与精明、相信命运的薛范一样不难"悟"出：冥冥之中，他放弃主业、归顺翻译确实不乏"历史性"，也充满了"必然性"。

声远学俄语，难。对着收音机学，看不到口型，练习发音只能反复揣摩。俄语的语法、词性复杂多变，广播里听不明白的，要自己消化或等到广播学校下一期开学。著名俄文翻译家姜椿芳、草婴、任溶溶学俄语时虽然没有广播学校，但他们一度向白俄私人教师学习过。上世纪50年代初，上海能熟练驾驭俄语者不多，声远接触的社会面又窄，缺少"学用结合"的环境。这就需要在枯燥乏味的家庭课堂耐得寂寞，持之以恒。声远自学俄语绝不是靠死记硬背啃单词，他善于向知名翻译家"请教"。他曾对草婴翻译苏联长篇小说《幸福》的两个版本进行认真对比，磨杵成针，用心良苦！

声远往返于住所和图书馆，潜心中国文学史、古典诗词、戏剧概论、剧本创作理论，他居然还对导演学理论、演员的角色创造等产生了兴趣——为的是了解戏剧，了解舞台。

研究非朝夕之功,"了解"也无反客为主可能。而他在不经意间学俄语时便大胆地尝试起翻译,这条"学以致用"之路,被不少翻译家的实践证实行之有效!

新生的共和国朝气蓬勃。那是一个日新月异、歌声飞扬的时代。每天早晨六点,收音机播放起悠雅的轻音乐。全天 18 个小时的文艺节目,歌曲占了三分之一。各个时段,定时播出的节目丰富多彩:西乐、国乐、苏联音乐、舞蹈音乐、交谊舞和集体舞音乐、口琴、星期音乐会、星期晚会……

1950 年代初,俄苏歌曲一次次为新中国文艺热潮推波助澜。苏联彩色故事片《幸福的生活》插曲《红莓花儿开》,抒发了少女对恋人的思念之情,由女中音歌唱家董爱琳首唱走红。1952 年,董爱琳成为上海广播乐团专业歌唱演员。反映工厂青年生产生活和爱情的《山楂树》,也使无数年轻人为之倾心。著名的俄罗斯民歌《三套车》,1953 年由歌唱家刘淑芳夫妇译配介绍到中国,很快在神州大地不胫而走。不少中国听众至今记忆犹新的歌曲,还有《喀秋莎》《田野静悄悄》《海港之夜》《夜莺》……

声远编织着文学梦,徜徉于音乐世界。音乐是流动的文学,文学是凝固的音乐。它们可以表现共同的主题,抒发共同的情感。声远从肖邦、李斯特的钢琴曲里听到了密茨凯维支、波德莱尔,尼采的思想火花又在理查·斯特劳斯的交响诗闪现……

"工农兵歌唱'七一'""把新的机器早早安装上""劳动最光荣""小青蛙"……声远一页页翻看《广播歌选》,一首首歌特别亲切。

共和国建立没几年,"保家卫国"的战争仍在进行。工地、车间、田野、军营、学校,处处是歌声,红旗飘扬。声远爱听广播中教学的建设者之歌、英雄赞歌……他对一首首苏联、东欧、拉美的外国歌曲也兴趣盎然。

身为热心的"广播之友",声远初生牛犊不怕虎,他经常给电台写信,谈自己收听节目后的感想,有什么意见、建议,也畅所欲言。信件来往多了,他与工作人员成为朋友。有时,编导邀请他到电台面谈,声远欣然赴约。

1951 年 3 月,广播电台、广播乐团从大西路 7 号(现延安西路 129 号华侨大厦)搬到外滩,格林邮船大楼变身"广播大楼"。"广播大楼"的前身格林邮船大楼由英国格林邮船公司改建,1922 年 3 月落成,共 7 层。抗战结束后,大楼租给了美国海军及美联社等新闻机构。底层的美国新闻处阅览室,1949 年后改为中苏友好阅览室。

声远由表哥陪同去电台，被外观为英国近代复古主义建筑风格的"广播大楼"深深吸引。底楼和二楼外墙，花岗石贴面坚固美观。大门和边门采用罗马拱券结构，添了几分神秘。有一次，声远忽发参观播音室的奇想，台长马上让秘书陪同声远前往……

据薛范先生晚年回忆："那时候电台比较简陋。排练场是美国海军留下的一个活动房子，像火车厢。这头是广播剧团在排戏，那头是广播乐团在排合唱，我就坐在中间，一只耳朵听戏，一只耳朵听歌……"

声远与上海人民广播电台建立密切关系，并非身残的他令人动了恻隐之心，而是有其时代背景。

据相关史料，中华人民共和国成立初期，国内文盲众多、报纸少、交通不便。因此，无线电广播事业被视为群众性宣传教育的最有力工具之一。上海人民广播电台和华东人民广播电台成立后，由于经验不足、不了解听众需要、还没有掌握广播特点，以致一些节目办得不尽如人意。于是电台适当调整节目，号召工作人员走出编辑室，把节目交给广大听众共同来办。如青年节目的编辑与青年听众以及团工委、学联等青年团体加强联系，大力建立通联工作，并组织听众来台广播。

按照"全党办广播"和"人民广播人民办"的原则，上海电台经常邀请群众代表和文艺工作者，到电台发表广播讲话或表演文艺节目。在建台后短短一年时间里，就有近 2 万人次到电台演讲、演播，发展了 1110 名通讯员，其中工厂通讯员占 60% 以上，儿童上广播也达到 219 次。广播节目质量有了显著转变。

声远是"人民广播人民办"的受益者。为他的翻译与外国歌曲做媒，还是少不了广播。

坐在大厅里观摩广播乐团排练合唱，多声部纯净美妙的音响，对声远有着不可抗拒的魔力。被《黄河大合唱》开启的音乐之悟，使他对美好的人生和未来生活热切向往。

排练休息时，大家有说有笑聊着天。经常有合唱队员对声远说，我们缺少优秀的外国合唱歌曲，你在学俄语，为什么不给我们译几首苏联歌曲呢？合唱团团长和指挥也再三鼓励声远。

声远情面难却，他为合唱团翻译了一首《和平战士之歌》。他的闻一多研究、曹禺研究尚未走上正轨，歌曲翻译却意想不到地即将脱颖而出！

1953 年 7 月，一本 20 页的《广播歌选》，开启了一位译配大家近 70 年的艺术人生。封面没有图片，蓝底白字的刊名占据了上半部。蓝蓝的天上白云飘，祥云飘到翘首以盼的声远手中。7 月号《广播歌选》出版比朝鲜停战协定签字早一周。歌颂战士、歌唱和平的主题紧贴形势。声远迅即找到了自己翻译的《和平战士之歌》。歌曲栏目共发表了八首歌曲，其中中国歌曲《欢唱我们的军旗》、朝鲜中央文化宣传省的《歌颂中国人民志愿军》、苏联歌曲《和平战士之歌》等"主题曲"有五首。

　　我们在斗争中团结紧，为争取幸福争取和平，起来吧全世界人民，我们要坚决反对战争……

　　和平的歌声遍天下，监狱的门也挡不住她，为和平战斗的人民，都和她一同奋勇前进……

豪迈、英武，如铁流滚滚。《和平战士之歌》，由电台编辑、声远、合唱团员共同选定，内容和发表时机恰到好处。上海人民广播电台于《广播歌选》出版的次日，广播教唱《欢唱我们的军旗》。一周后，朝鲜停战协定在开城板门店签字。第二天，上海及华东听众跟着收音机"每周一歌"学唱起《和平战士之歌》。

　　学了一年多俄语，一次他选译了东欧国家诗人的五首诗歌，投寄给人民文学出版社。但由于选题的原因，没被采用。

　　声远发表的第一首翻译歌曲，译词与配歌分别署名：闻声远、汪靖英。两三年后，他编辑或译配的一系列作品集，均以"薛范"署名。

　　闻声远与薛范，是他以 20 岁为分水岭的两座人生里程碑。前者多的是艰难、苦闷，后者涵盖了他事业的起飞、辉煌。

第二节　青春狂欢

　　一个 19 岁的男孩，无数人都在学唱他翻译的歌。高中发表诗歌两年后，声远收获了更大的快乐。领到翻译歌曲的第一笔稿费 12 元，他交给母亲，母亲满心欢喜："你自己留着吧。"

　　声远领命，转眼上书店，用全部稿费换回了一堆翻译词典等工具书，没有文

学类书籍。不久,他又按广播乐团指挥要求,与大家译配了苏联音乐喜剧片《春》插曲——混声合唱《春天进行曲》:

> 东方升起了红太阳,露水闪闪发光,好一片美丽的大地,森林雄伟,田野宽广。亲爱的苏维埃国家,屹立在世界上……
>
> 我们青年热情奔放,就像初升朝阳,青年们聪明活泼,健壮勇敢,意志坚强!我们的生活自由,我们呼吸舒畅。假如你听到谁的歌声,那就是我们在歌唱……

《春天进行曲》的早期版本,署"集体译配,闻声远整理",豪迈奔放、凝练优美的歌词体现了译者非同一般的功力。在生机勃勃、万物复苏的春天,迎着朝阳昂首阔步前进,正是共和国青春飞扬时代的写照。

和平终于来临,上海部分市民由历史原因形成的崇美疑苏的心态开始扭转。在荒废的哈同花园旧址,经过 10 个月的施工建设,新上海首座大型建筑——俄罗斯古典主义风格的中苏友好大厦宫殿般崛起!

喷泉叮咚,主楼巍峨,回廊侧展,钢塔高耸,闪耀的金星俯瞰群楼。1955 年 3 月,中苏友好大厦举办苏联经济及文化建设成就展,观者如云,"老大哥"人气大增!

中苏蜜月期的上海,还有一处声远常去,那就是上海市中苏友好协会 1951 年 5 月所建的中苏友谊馆。1950 年代,每年"十月革命节"前后,上海都会举办"中苏友好月",形式多样地宣传苏联成就、宣传中苏友好。1950 年中苏友好月筹办时,上海中苏友协曾为寻找图片展览场地煞费苦心,最后选定上海南京西路原西侨青年会大厦——今体育大厦举办图片展览会。图片展览于十月革命节当天开幕,原定展期十天,在观众要求下延期至 12 月 3 日,参观者多达 70657 人次。

一张 1955 年 4 月 26 日的电影入场券告诉我们,中苏友谊馆在黄陂北路 226 号。馆内还有展览场、阅览室、文娱室、电视室、画廊等。中苏友谊馆新上映的苏联电影、苏联音乐唱片欣赏会、图片展览等,都是声远心仪所在。他欣赏电影、音乐,及时译介电影插曲,先后发表的有《忠诚的考验》《伊凡从军记》《忠实的朋友》《心儿在歌唱》等。

"历史的误会"令声远学起了俄语,时代的浪潮把薛范推上了舞台!

1955年5月至次年6月,音乐出版社相继推出三集《苏联歌曲集》,并各发行了五线谱版和简谱版。《苏联歌曲集》第二集由音乐学家、翻译家毛宇宽译配,另两集被薛范包揽。

在此,有必要为读者探寻"薛范"笔名的来由。

闻海鼎、黄灏夫妇分别毕业于新华艺专和甬江女中(高中),女主人曾任"鼎记海一斋"会计,夫妇俩1949年后都进入国营食品企业工作。闻家共有三子:雪梵、雪友、雪峰,及"静"字辈五女。

男主人不愧为美术专业出身,儿女大名各具诗情画意。长子闻雪梵,中学学籍姓名:闻声远,其笔名之一即薛范!

"声远大哥哥"曾对陈志强解析:薛范,意即"学习翻译"。

雪梵,薛范,一生与译配相伴,对于相信命运的薛范是不是一种宿命?

闻家儿女多俊才。闻雪友,著名船舰燃气轮机专家、中国工程院院士。薛范的二妹闻静筠北京外国语学院毕业,四妹闻静芝上海第一医学院毕业……

《苏联歌曲集》第一集共收入《和平的青春》《行军歌》《一切显得更美好》《摇篮曲》《女郎抒情曲》《蓝色的小花》《狂欢者进行曲》等12首歌曲。"进行曲速度"占了三分之一。第三集16首歌明显舒缓,爱情歌曲《因为我爱你》《我与你不和了》《孤独的手风琴》或鸟语花香,或欲言又止,或孤独吟唱。更有《冬晚》:"你我曾在一起,永远不要遗忘",似乎能嗅到莫斯科郊外清新的气息。

《苏联歌曲集》没有"闻声远"作品,28首歌曲除了两首由薛范与钱刃合作配歌,其他都由薛范译配。

初生的薛范,以两本歌集在精神世界初步养活了自己。从"和平战士"到"青春的狂欢",他自学中国古典文学、自学俄语、自学音乐学及相关理论,用拐杖和手中之笔挪向事业晨曦,他忍受的痛苦也达到了阶段性临界点。长期下肢瘫痪,脊柱向左侧弯曲的状况愈发严重。他起身小坐,竟然腰酸难忍,不得不用手支撑。躺下睡觉,也受影响。于是,薛范1955年做了脊椎侧弯矫正手术。手术后一年多,被严严实实裹得像俄罗斯套娃。

秋去冬来,天寒地冻。他期待着又一个春天,期待浪漫的夏夜。

第三节 从欧亚到拉美

手术后的伤口隐隐作痛,胸部硬邦邦的"马甲"缠得声远好难受。命运再次捉弄起他。二十年前,声远刚学会奔跑就被剥夺了行走的权利。这次,薛范的名字频繁出现在歌集、报刊,展翅欲飞的他重蹈覆辙。他已习惯了逆来顺受,甚至对命运的馈赠不无感激!

这年,诗歌翻译的顺畅同样令薛范踌躇满志。他从俄语转译的罗马尼亚诗人亚历山大·托玛的五首小诗、南斯拉夫诗人柯奈斯基的三首短诗,都被北京的《译文》杂志刊发了。人民文学出版社也来信,附上原文版书籍,约薛范翻译苏联一位诗人的诗集。

"一手译诗,一手译歌。"他追求的节奏!

薛范偏好诗词,无论是古典文学还是新文学。国内翻译出版的一系列外国诗歌集,他不仅一一诵读,还大量摘录、做笔记。涉及的著名诗人有俄罗斯的普希金、莱蒙托夫,英国的莎士比亚、弥尔顿、彭斯、雪莱、拜伦、勃朗宁夫人,法国的雨果,意大利的但丁,美国的惠特曼、朗费罗,亚非拉美诗人泰戈尔、纪伯伦、何塞·马蒂、聂鲁达、希克梅特,等等。

伟大的诗人、经典的诗集已有各种译本。当时亚非拉美洋溢革命激情的诗歌国内出版社和媒体需求量很大,薛范应约为上海文艺出版社翻译的不少诗歌,与其他译者的作品一起被收入多本诗集:《愤怒与战斗》《阿尔巴尼亚诗选》《我们的怒吼》《土耳其诗选》《阿拉伯新诗选》《亚洲诗选》等。此外,《世界文学》《诗刊》《人民日报》和《文汇报》等也发表了薛范的部分译诗。随着世界政治格局的变化,这些"战斗""呐喊"的诗歌湮没于时代浪潮。

薛范对中外诗歌的浓厚兴趣,他诗歌翻译"主业"的广阔视野,对他以后歌曲译配题材的多样性,有着直接影响。绝大多数听众会觉得,上世纪50年代中后期,薛范是俄苏歌曲译配的"专业户",那确实是错觉。

胸背被套绑的薛范在涅槃中恍恍惚惚地迈上了金光大道。

柴科夫斯基的《第一钢琴协奏曲》,一度是他的精神早操:"几乎每天一早起床,打开唱机,用最大的音量放送这首充满进取精神的乐曲。在钢琴强劲有力的和弦的托举下,乐队高奏出宽广壮丽的主题时,我顿时感到精神为之一振,心胸豁然开朗……"

音乐是心灵的避难所。音乐对薛范更是动力强劲的助推剂！当他从矫正固本的束缚中解脱后，拦蓄已久的洪流倾泻而下。

1957 年 9 月，他翻译的《西方古典歌曲集》出版。薛范第一本西方古典艺术歌曲集虽然只有八首歌，但作曲家都是重量级的：贝多芬、格林卡、比才、柴科夫斯基、拉赫玛尼诺夫。八个月后，音乐出版社又推出了薛范译配的"姐妹篇"《西洋古典合唱曲集》（第一集）。这次由莫扎特、贝多芬领衔，门德尔松、亨德尔、韦伯、瓦格纳、威尔第、斯美塔那……阵容超豪华！

时隔近 65 年，初版印数仅 870 册的《西洋古典合唱曲集》（第一集）还有多少人记得呢？

"我们仍在用！"著名合唱指挥家赵家圭第一时间不假思索地答道。莫扎特的《夏天的黄昏》、贝多芬的《春之召唤》、门德尔松的《森林》等，赵家圭指挥的合唱团经常唱。2002 年前，他率上海检察官合唱团赴德国文化交流，演出曲目中就有薛范版的《森林》。赵家圭系我国合唱指挥泰斗马革顺教授的高足，马先生与他谈到贝多芬《春之召唤》时，对于薛范的译配非常满意。《春之召唤》被列入上海音乐学院指挥系教材，在上海市合唱比赛中又是必唱曲目。

只要翻译几首歌，每月基本温饱无忧。薛范病愈后依然没有工作，没有单位，他可以无所顾虑地选择自己喜爱的诗歌、歌曲，根据俄文转译。

同一时期，有学院背景的歌曲译作并不少，如钱仁康的《波兰民歌十二首》，尚家骧的《意大利歌曲集》《欧洲古典抒情歌曲集》，周枫的《俄罗斯歌剧选曲》《西洋古典歌剧选曲》《格林卡歌曲选》《格林卡合唱歌曲选》，沈笠、周枫等翻译的《柴科夫斯基抒情歌曲集》（一、二、三集），等等。无门无派的薛范，凭两本西方古典歌集，再次让音乐专业人士刮目相看。

1958 年，上海音乐出版社又与薛范牵手。4 月，《拉丁美洲歌曲集》付梓。拉美多情的鸽子，途经莫斯科飞到了中国。

> 当我远远离开哈瓦那去远方，
> 唯有你才能猜透为何我要悲伤，
> 请看金色云霞演变在蓝天上，
> 是你含着眼泪轻轻对我讲……

在薛范这本译自苏联同名歌曲集里,第一首《鸽子》是 19 世纪中叶起流行的世界名歌。所谓"世界上没有一个地方不熟悉这首歌",自然少不了薛范的传播。

爱和别离是永恒的主题。由忧郁感伤到明朗奔放,《鸽子》强烈的节奏、迷人的旋律使薛范倾心。

《鸽子》的"国籍"之争十分有趣。它由西班牙作曲家伊拉蒂尔在哈瓦那创作,采用了古巴民间舞蹈哈巴涅拉的节奏。于是,《鸽子》属于古巴还是西班牙,争议产生了。1863 年,墨西哥著名女歌手孟德丝首唱《鸽子》,墨西哥歌迷据此"宣示主权",认为《鸽子》为墨西哥歌曲⋯⋯

薛范无意中卷入了"国际纠纷"。《拉丁美洲歌曲集》把《鸽子》标为"古巴歌曲"。50 多年后,在《薛范 50 年翻译歌曲精选》中,他又把《鸽子》"判给"了西班牙。他对译词作了个别改动,《鸽子》更缠绵感人。

> 当我独自离开哈瓦那去远方,
> 唯有你才能猜透为何我要悲伤,
> 请看金色云霞演变在蓝天上,
> 是你含着眼泪轻声对我讲⋯⋯

《拉丁美洲歌曲集》含古巴、智利、阿根廷、墨西哥、巴西、乌拉圭六国十二首歌曲,为高歌迎接"大跃进"的中国,注入了大洋彼岸的浪漫风情。

《西方古典歌曲集》、《西洋古典合唱曲集》(第一集)及《拉丁美洲歌曲集》在薛范早期歌曲翻译中的重要性,被与《西方古典歌曲集》同月发表的《莫斯科郊外的晚上》的耀眼光芒遮掩了。

当名声如日中天时,薛范对《莫斯科郊外的晚上》"爱恨交加",确实入情入理。

第三章

"郊外"风光

那天晚上,我去观摩歌剧演出。散场后,摇着手摇车走在淮海西路上。蓦然,不知从哪幢楼里飘来了悦耳的钢琴声,我不由停住了车,凝神谛听……

到家已午夜一点,依然毫无睡意。我拿起《莫斯科郊外的晚上》的未完成稿,忽然灵感如涌,只一小时就把歌曲译成誊清。

——薛范

第一节 礼炮声中献厚礼

四月的春光从窗外悄悄渗了进来,吐着新绿的梧桐树上,几只小鸟吱喳雀跃。薛范用过早餐,靠在沙发上,目不转睛翻阅新一期《广播歌选》。

《红五月的风》暖暖的,吹到鞍钢上空,亲吻高耸的烟囱。女声合唱毕,男高音独唱响起:"骑马挎枪走天下,祖国到处是我家。"薛范脑袋微微晃动,轻声而唱,他似乎驾着骏马,驰向远方。"好歌!"他脱口称赞。

嗬,《我的祖国》,电影《上甘岭》插曲!"一条大河波浪宽,风吹稻花香两岸。""这是美丽的祖国,是我生长的地方。在这片辽阔的土地上,到处都有明媚的风光。"真挚委婉,气壮山河,薛范放声高歌。

终于又一次翻阅到自己的作品了,薛范扫了一眼歌谱,又放下了《广播歌选》。

1957 年是俄国伟大作曲家、俄罗斯古典音乐奠基者格林卡逝世 100 周年。薛范译配的《说,为什么!》,与格林卡的其他代表作品都反映了音乐形象突出,旋律优美动人、富有表现力的独特风格。

坐久了,薛范换了个姿势。后背不再疼,腰间也感觉不到酸。手术没让他白白受罪。《说,为什么!》是中断了几个月后他再次在《广播歌选》发表的译配歌曲。薛范心情无比舒畅。

1957年,苏联"老大哥"将隆重举办两项盛事:第六届世界青年联欢节,十月革命40周年庆典。薛范"黄金时代"最瑰丽的时刻即将来临。

新成立的上海音乐出版社有意请薛范编辑《苏联歌曲汇编》,薛范不假思索一口答应。出版社的邀约与薛范三年前的设想不谋而合,只是当初他手头资料不多,巧妇难为无米之炊。经过几年积累,今非昔比。他开始了与上海音乐出版社的首次合作。

薛范译配的歌,一部分是电影插曲。从小到大,他是电影院的常客。他家附近有建国电影院、长城电影院,由黄陂南路向北,仅淮海路上就有嵩山、淮海、国泰影院。为了翻译一首歌,他得多次看同一部电影,记谱、记歌词,回家后整理。

观影,并不仅仅为的是翻译,他要研究电影、研究戏剧。薛范痴迷话剧,不亚于电影和歌曲。茂名南路上的兰心大戏院、黄河路上的长江剧场经常上演话剧,"上海人艺""青话"、外省市或国外剧团来沪演出,薛范绝不会错过。很多年后他对一些冷僻的外国剧目也记得清清楚楚:《玛申卡》《第十二夜》《伊索》《一仆二主》《中锋在黎明前死去》《大胆妈妈和她的孩子们》……

在电影、话剧中,演员通过声音、形体、肢体语言等来体现和传达某种情境和情感,从而表现生活。薛范深谙角色塑造对于表演艺术的重要意义,他译配歌曲时,角色塑造也成为重要环节。这是他从影院、剧场、剧本中获得的回报之一。

中华人民共和国成立不到10年,被译介到中国的苏联歌曲超过千首。它们散见于各种报纸或歌曲类杂志,由于受当时报刊发行数量及时间性、地区性限制,人们收集自己喜爱的歌曲并不容易。薛范编辑的《苏联歌曲汇编》(第一集),选入了100首优秀、有代表性的歌曲,遴选、原谱核对、译词修正和润饰……他独挑大梁。

更令人惊诧的是,这位23岁的小伙子,还洋洋洒洒撰写了《苏联群众歌曲的道路》。这篇长达10页的代序,从沙皇时代控诉、向往、颓废情绪交织的俄罗斯民歌,引出第一次俄国革命前后清新、豪迈的革命歌曲问世,再到十月革命无产阶级歌曲的特征、国内战争时期战斗歌曲、20世纪二三十年代"暗流"危害和苏联群众歌曲繁荣,直至卫国战争爆发后苏联歌曲迎来黄金时代。薛范陈述分析,高屋建瓴,尽显学者风范!

《苏联歌曲汇编》(第一集)于 1957 年 11 月出版,在庆祝十月革命 40 周年的礼炮声中,集歌曲译配、学术研究、业余编辑于一身的薛范,意气风发地献上了一份厚礼。

这本歌集含《祖国进行曲》《神圣的战争》《共青团员之歌》《卡秋莎》《小路》《海港之夜》《有谁知道他》《红莓花开》《孤独的手风琴》《伏尔加纤夫曲》《三套车》《雪球花》《大学生圆舞曲》等知名度很高的苏联歌曲。其中《祖国进行曲》由姜椿芳译词、吕骥配歌,《神圣的战争》由钱仁康译配。重量级的译者或音乐家还有陈歌辛、孙维世、高莽等。

在《苏联歌曲汇编》(第一集)中,薛范译配的歌曲占 21 首,与别人合作译配 4 首。此外,他早年以本名闻声远译配、译词或整理的也有 4 首。薛范的锋芒可见一斑!

当年,上海音乐出版社两位副总编辑钱仁康、钱君匋都是薛范心仪的大家。通过编辑"歌曲汇编",他与钱仁康联袂译配了《跨过高山　越过平原》《华沙工人歌》。钱君匋、俞获、陆静山译配的《我们的祖国》也收入"汇编"。

200 多页的"歌曲汇编",从初稿到出版时间超过了一年。对各种风格的苏联歌曲分类编辑,与业内名家携手合作,薛范以出色的专业素养实现了译配生涯里程碑式的跨越!

薛范与上海音乐出版社,由此结缘 60 多年。

第二节　世界青年联欢节

1947 年 7 月 25 日,71 个国家的 1.7 万余名青年代表聚会捷克斯洛伐克首都,庆祝第一届世界青年联欢节开幕。旗手高擎毛泽东、朱德巨幅画像,中国解放区青年联合会代表团游行队伍入场,引起观众一阵欢呼。中国在英国留学的学生们也来到布拉格,加入中国解放区青年代表团的行列,参加开幕式游行。

世界青年联欢节,即"世界青年与学生和平友谊联欢节",苏联等国发起组织的"反对侵略和战争,歌

青年时代的薛范

颂和平与友谊"大型国际活动,由总部设在布达佩斯的世界民主青年联盟主办、国际学生联盟协办。世界青年联欢节,有文艺演出、展览、联欢、座谈、报告、参观等丰富多彩的活动,它为新中国走向世界、与各国人民相互了解,提供了不可多得的舞台。在世界青年联欢节上,中国青年文体工作者群星闪耀。

1949 年 8 月,在布达佩斯举办的第二届世界青年联欢节上,郭兰英演唱由山西民歌改编的《妇女自由歌》,获三等奖;中国民族民间舞蹈首次在国际舞台上亮相,贾作光、斯琴塔日哈等表演的《腰鼓舞》《大秧歌》荣获特别奖。1953 年 8 月,董爱琳、傅聪分获第四届世界青年联欢节声乐、钢琴比赛三等奖。

1955 年,中国青年代表团准备赴波兰华沙参加第五届世界青年联欢节。当时,联欢节向全世界征集歌曲,团中央也发起了征歌活动。天戈作曲、江山作词的《青年友谊圆舞曲》脱颖而出。7 月 31 日至 8 月 14 日,中国青年代表团在联欢节哑剧、民间舞蹈、古典歌舞、美术、民间乐器演奏、乒乓球、游泳比赛中喜获丰收!

> 蓝色的天空像大海一样,广阔的大路上尘土飞扬,
> 穿森林过海洋来自各方,千万个青年人欢聚一堂,
> 拉起手唱起歌跳起舞来,让我们唱一支友谊之歌。
> 欢乐的歌声在回旋荡漾,歌颂着我们的幸福时光,
> 亲爱的朋友心连着心,我们有共同美好的理想,
> 拉起手唱起歌跳起舞来,让我们唱一支和平之歌。

《青年友谊圆舞曲》被译成六种文字,向国外宣传介绍。这首时代之声无论是独唱、合唱还是改编成管弦乐,都给人以青春的烂漫、青春的喜悦、青春的向往。

1957 年,莫斯科将迎来第六届世界青年联欢节、十月革命 40 周年。朝鲜停战后,东西方两大阵营关系有所缓和。苏联举全国之力开展筹备工作,并在国际上广为宣传造势,意在举办一届人数最多、规模最大、影响深远的世界青年联欢节,向世界展示社会主义建设成就……

薛范在全力编辑《苏联歌曲汇编》(第一集),对于各国迎接第六届世界青年联欢节的动态,他也十分关注。

中苏关系处于微妙关头，中国对第六届世界青年联欢节却热情不减。1957年7月下旬，新当选共青团中央书记处第一书记的胡耀邦，亲率中国青年代表团赴苏联参加盛会。中国代表团共有400多人，除了参赛团，还有多个歌舞队、京剧团、杂技团。

第六届世界青年联欢节规模空前，全球131个国家的34000多名艺术家相聚莫斯科，献艺交流。艺术节筹委会邀请我国著名作家、文化部长沈雁冰，喜剧大师卓别林，智利诗人聂鲁达，古巴诗人纪廉等百余位世界著名社会活动家、政治家、作家、艺术家等以贵宾身份出席。

薛范对苏联邮票发行也产生了兴趣。为庆祝本届联欢节，苏方共发行了三套纪念邮票，邮票和小型张多达23枚，从前所未有的举动可见重视程度。不过，薛范已不再集邮，一份份歌谱才是他的所爱。

消息振奋人心，青海民间歌舞、京剧表演、故事片《女篮五号》、古典歌曲、杂技等一大批项目获得金银奖。顾圣婴、郭淑珍、马玉涛等在钢琴演奏、声乐表演中也夺得了金奖。在联欢节友谊运动会举重比赛上，大力士陈镜开第五次打破举重世界纪录！

两千多名各国记者在莫斯科各显神通、争相报道。在每天大量的信息中，《苏维埃文化报》上的一篇报道，使薛范顿时异常兴奋：在莫斯科联欢节上，《友谊最珍贵》《我们手挽手、心连心》《莫斯科郊外的晚上》等五首苏联歌曲获得金奖……

"《莫斯科郊外的晚上》，《在运动大会的日子里》插曲，我有这几首歌的原谱呀！"薛范猛然想起。

1956年，苏联举行全苏运动会，莫斯科电影制片厂拍摄了一部大型纪录片《在运动大会的日子里》，全景式记录了开幕式、各项目激烈角逐的场面。苏联青少年运动员自信友爱的笑容、健美强壮的形体、奋勇争先的意志，显示了体育竞赛的魅力。

1928年，第一届全苏斯巴达克运动会在莫斯科举行，自1956年起，每四年举行一次，参赛队来自苏联各加盟共和国、莫斯科市和列宁格勒市。自上世纪30年代初起，苏联实施"劳动与卫国体育制度"，国民为了奖章和荣誉，积极投身体育锻炼。每天下班，苏联全国有数百万人走向运动场。"劳卫制"促使苏联体育开始崛起。

《在运动大会的日子里》这部黑白纪录片时长 60 多分钟,有四首插曲。傍晚,经过白天紧张的训练、比赛,一对对俊男美女或轻松地漫步,或来到林间、河边喃喃细语。平静的水面在残阳映照中充满诗意。音乐缓缓而起,紧接着是《莫斯科郊外的晚上》,一分钟的歌声意犹未尽……

最"原始"的《莫斯科郊外的晚上》,与我们熟悉的情意绵绵的歌声落差不小。其中影片制作者固然有容量控制的难处,对于这首插曲评价的分歧也很难说没有影响。

应电影厂邀请,苏联著名作曲家索洛维约夫-谢多伊、诗人马都索夫斯基创作了《莫斯科郊外的晚上》等四首插曲。

出乎两位创作者意料的是,电影厂音乐部负责人审听后大失所望,认为《莫斯科郊外的晚上》曲调太单调、平淡,不符合运动大会的风格。这位审核者当然非寻常之辈,他只是先入为主地设想,运动大会纪录片插曲应该曲调多变、昂扬振奋。

《莫斯科郊外的晚上》诞生三四十年后,薛范曾在《人民音乐》《文汇月刊》等报刊撰文,其中关于这首歌的走红,他介绍:影片上映后,反响不大,直到电台播放后,受到听众尤其是年轻人的喜爱。第二年,在莫斯科举行第六届世界青年联欢节,直到开幕前的两个月,联欢节筹委会才决定选送这首并非为联欢节而作、当时在苏联却已脍炙人口的抒情歌曲去参加联欢节歌曲大赛。果然,它一举夺得了金奖。来自世界各地的青年是唱着"但愿从今后,你我永不忘,莫斯科郊外的晚上"登上列车,告别莫斯科的。自此,这首令人心醉的歌曲飞出了苏联国界,开始它的全球旅行。

《苏联歌曲汇编》(第一集)的编校消耗了薛范大量精力,当他缓过神来,找到被自己"冷落"一时的那几份原谱,《莫斯科郊外的晚上》将不再仅仅是苏联歌曲。

第三节　浪漫"肖邦夜"

薛范对这几首苏联金奖歌曲没有厚此薄彼。

"越有内涵,越有深度的作品,它的艺术魅力往往不是一下子被认识的。"他针对《莫斯科郊外的晚上》差点被打入冷宫的遭遇阐述。

《我们手挽手、心连心》节日气氛洋溢,充分表达了主人对前来参加青年联欢节各国来宾的盛情——

"最亲爱的客人,我们向你致敬,莫斯科含着笑,热情地来欢迎!……"偏好进行曲的薛范,对热烈、活跃的节奏得心应手。

而调式多变、意境深邃的《莫斯科郊外的晚上》,撞击了一颗驿动的心,也把译配者带入了浪漫之夜。

> 花园里连籁籁声都没有,
> 这里一切都静下来一直到清晨
> 要是你知道,对我来说是多么珍贵
> 莫斯科郊外的晚上
> 小河好像在流淌,又好像没有流淌
> 一切都来自银色的月光
> 歌声似乎能听到,又似乎听不到
> 在这个寂静的晚上

他把原谱中的歌词直译成中文,然后着手根据曲再创作。看似简单的词曲,花了两天仍感觉没进入最佳境界。

于是,比"但愿从今后,你我永不忘"罗曼蒂克指数毫不逊色的一幕出现了。

那天晚上,薛范单枪匹马前往上海实验歌剧院小剧场。地处常熟路、长乐路口的实验歌剧院成立不到一年,它的排练场翻新修建,成为上海文化新地标。歌剧《小二黑结婚》《草原之夜》是歌剧院早期的演出剧目。1957年7月,上海实验歌剧院在沪公演《白毛女》,一票难求。

音乐会结束后,薛范手摇着轮椅车,南行拐入淮海西路。地面湿濡,雨后清凉,梧桐枝叶光影斑驳。薛范一边驾车夜行,一边回味歌剧唱段。忽然,一阵明朗的钢琴声飘来。

呵,肖邦,《降E大调夜曲》!一股清泉沁入他的心田。钢琴诗人在夜空中悠悠吟唱,他把轮椅车停靠在路边,抬头搜索一扇扇亮着灯的窗户。他幻想着,一位纯情女孩,正在全神贯注弹奏钢琴。他应和起柔美的琴声,仿佛在与女孩隔空对唱。夜曲一遍遍重复,直至渐渐消失。薛范如情窦初开,欲罢不能。

回到家,子夜已过。他兴奋地抓起笔,在未完成的译稿上挥写……

薛范一直以纳闷给这段插曲留了个问号：为什么我会把夜练钢琴的人想象成姑娘？

我们从他谈及学习戏剧理论对译配歌曲影响的一段话中，多少能得以领悟："我学了那么多戏剧理论，了解了导演和演员怎么创造角色，怎么做角色的案头工作：角色什么出身，什么经历，什么遭遇，他说这句台词什么意思……我每拿起一首歌曲，我就想这个主人公是什么人，什么样的文化修养，生活经历是什么样的，现在他处于什么样的生存状态，他是用什么方式来表达自己的感情。"显然，夜色琴声让薛范找到了灵感，找准了《莫斯科郊外的晚上》的角色定位。

这首歌的简谱，由上海《广播歌选》1957年第7期首发，歌名《在莫斯科郊外的晚上》。薛范译配的五线谱版《我们手挽手、心连心》也同期发表。

编辑当然没有掂出"莫斯科郊外"的分量，编排也明显"怠慢"——它的篇幅一页不到，而且"屈居"福建民歌《洪山桥流水》之下。压轴的《我们手挽手、心连心》则配上插图，占了两页。

"有欠公允"的编排，与信息误差也有关系。《在莫斯科郊外的晚上》《我们手挽手、心连心》均为金奖歌曲，但首次发表，《在莫斯科郊外的晚上》却标注"此歌荣获第六届世界青年联欢节音乐创作比赛银质奖章"。

莫斯科青年联欢节落幕才一个多月，上海《广播歌选》作为月刊赶上了末班车。获得联欢节合唱比赛金质奖章的北京业余青年民歌合唱队，在庄严国徽下演出的队容；中法青年联欢，温可铮与法国青年音乐家同唱一首歌的风采；印度舞蹈团来沪访问演出的生动剧照，与神州大地"看谁的社会主义劲头大""工人农民说了话"等歌声相映成辉。

《歌曲》1957年 第11期

两个月后，北京《歌曲》第11期不失时机刊载了五线谱版《在莫斯科郊外的晚上》。歌谱的译词、版面位置和篇幅与《广播歌选》上《我们手挽手、心连心》一样，并"恢复"了金质奖章待遇。

因一首《莫斯科郊外的晚上》,薛范逐渐名声赫赫。

这首成名作带来的烦恼、遗憾,很多人却不明就里。

第四节　荣耀与遗憾

60多年前,群众性歌咏活动热火朝天,各地与之相呼应的音乐类刊物比比皆是:《人民音乐》《音乐创作》《音乐生活》《岭南音乐》《福建群众音乐》《北京歌声》《群众歌曲》《浙江歌曲》《安徽歌曲》《长春歌声》《岜岭歌声》《祁连歌声》《解放军歌曲》《长江歌声》……

薛范第一个打通了《莫斯科郊外的晚上》以另一种国际性语言传播的通道,并使得汉语歌唱者最终大大超过俄语歌唱者。

中文版《在莫斯科郊外的晚上》在南北两家代表性刊物亮相后,我国各省市音乐刊物相继转载。薛范很自豪,有时也不免说漏嘴:几十年来,中国"几乎没有一种音乐刊物、一本外国歌曲集子没有发表过这首歌,也几乎没有一家唱片公司没有录制过这首歌"。

作品发表是好事,但《广播歌选》刊出《在莫斯科郊外的晚上》后,薛范居然勃然大怒。从中可见其对译配质量之不苟且,及性格的率真、耿直。

> 深夜花园里显得更宁静,只有风儿在轻轻唱。夜色多么好,令我心神往,在这迷人的晚上。
>
> 小河静静流,微微泛波浪,明月在水面镀银光。一阵阵轻风,一阵阵歌声,在这幽静的晚上。
>
> 我的心上人坐在我身旁,为什么看着我不声响?我想对你讲,但又不敢讲,多少话儿留在心上。
>
> 长夜快过去,天已蒙蒙亮,衷心祝福你,好姑娘。但愿从今后,你我永不忘,莫斯科郊外的晚上。

这是最早出现在《广播歌选》上,《在莫斯科郊外的晚上》的歌词,已被编辑"擅自更改"。心高气盛的薛范见之立即抓起电话,对编辑兴师问罪:"幽静的晚上",怎么还"风儿轻轻唱""一阵阵轻风,一阵阵歌声"? 还有,按音乐的节律,应该是"一阵阵　轻风,一阵阵　歌声"。现在改成"一阵　阵轻风,一阵　阵歌声",词组和音乐顿歇错位,节律被打乱。

薛范感到委屈,编辑都不懂俄语,乱改一气的依据是什么?改动前哪怕打个电话征求一下译者意见,也不至于出错么。

薛范既是译配者,又是《广播歌选》特约编辑,平时与编辑经常联系,所以他不遮不掩。

然而,木已成舟。随着两个月后北京《歌曲》刊发,《在莫斯科郊外的晚上》已逐渐传唱。

中国音乐家协会下属音乐出版社1958年11月出版的《外国名歌200首》,对《在莫斯科郊外的晚上》又作了改动,歌名也定为《莫斯科郊外的晚上》。

> 深夜花园里,四处静悄悄,树叶儿也不再沙沙响。夜色多么好,令我心神往,在这迷人的晚上。

> 小河静静流,微微泛波浪,明月照水面银晃晃。依稀听得到,有人轻声唱,多么幽静的晚上。

> 我的心上人,坐在我身旁,偷偷看着我不声响。我想对你讲,但又不敢讲,多少话儿留在心上。

> 长夜快过去,天色蒙蒙亮,衷心祝福你,好姑娘。但愿从今后,你我永不忘,莫斯科郊外的晚上。

《外国名歌200首》由音乐出版社编辑部所编,其袖珍本一年内印刷4次,印数近30万册,影响十分广泛。

薛范对"外国名歌"版的《莫斯科郊外的晚上》歌谱较认可。通过对照1959年7月由他编辑、上海文艺出版社出版的《世界歌曲》(第二辑),薛范仅仅改动了一字,使"依稀听得到,有人轻声唱"为"依稀听得到,有人轻轻唱"。他更在歌谱后附上译者按,强调:"此处发表的是译者的修正稿,今后演唱请按此词。"

但也就在这年,薛范在编译《苏联歌曲汇编》(第三集)时,《莫斯科郊外的晚上》的译文,由他重新加以修订。据薛范《歌曲翻译与实践》所载,"明月儿照水面闪银光""我想开口讲,不知怎样讲"替代了"明月照水面银晃晃""我想对你讲,但又不敢讲"。《苏联歌曲汇编》(第三集),由上海文艺出版社于1960年出版。

中文版《莫斯科郊外的晚上》诞生三四年内,以"薛范"署名的主要有上述三个版本。1995年和2003年,薛范编《苏联歌曲珍品集1917—1991》《薛范50年翻译歌曲精选》分别出版,收入其间的《莫斯科郊外的晚上》歌谱,基本为"1960版"。

各地报刊争相登载,有的加以修改不免产生变异,如"我想对你讲,但又难为情"。薛范对这句歌词尤其难以接受,40多年后他仍撰文认为太俗,并把始作俑者定为1958年版《外国名歌200首》。显然,这是他的记忆差错或笔误。

据合唱指挥家赵家圭回忆,大约在1962年,上海举办轻音乐音乐会,《莫斯科郊外的晚上》歌词中有"我想对你讲,但又难为情"。

很多年后,薛范在他编译的相关歌曲集中采用了这份改定稿,并"通过报刊、广播、电视、音乐会以及各种场合一再声明,改定稿才逐渐为人们接受"。

但"遗憾"依然没有消除。

赵家圭手头有1987年5月上海音乐出版社出版的《吉他伴奏中外通俗歌曲300首》、2003年人民音乐出版社出版的《外国名歌200首》修订版,《莫斯科郊外的晚上》均为"难为情"版。

年近七旬的薛范不再是当年的愣头小伙。他早已功成名就,盛名之下,《莫斯科郊外的晚上》给他带来新的遗憾:我译配了这么多歌曲,绝大部分听众却似乎只盯着这一首!

他没料到,成功的光影遮蔽了许许多多璀璨的宝石。他甚至把《莫斯科郊外的晚上》视为自己最讨厌的歌:"这首歌被中国人传唱得太多,这就是我最不满意的。我们译配了那么多好听的俄苏歌曲,大家为什么总纠结于这首? 音乐会、卡拉OK、朋友聚会,真正传唱的还是那几首。"

薛范想到《卡秋莎》(又译为《喀秋莎》)的曲作者布朗介尔。布朗介尔也曾感叹:"无论我到哪个国家,人们必定把我作为《卡秋莎》的作者来介绍。我的朋友不管从多远的地方来,必定向我讲起有关《卡秋莎》的故事。我毫不掩饰,这使我很快乐,但又使我很难过。那么多人谈论《卡秋莎》,仿佛我创作的其他歌曲根本不存在。"

薛范绝非矫情! 他译配的歌曲约2000首,而我们真正能说出歌名的,又有几首?

第四章

鸿雁折翅

我年轻时说过,凭什么要别人养活我,但很可悲,我还是个啃老族,一直啃到我母亲去世。人生就是一个悖论,你不喜欢外语和音乐,却一生和外语和音乐打交道,你想好好干事养活自己,终究不能实现。还有,人生的选择,有时真由不得自己选。

——薛范

第一节　踌躇满志

薛范敢于向编辑叫板,除了年轻气盛,他当然有赖实力支撑! 何况,他译配创作的第一个黄金期正喷薄而出。

《红莓花开》是中国听众耳熟能详的苏联名歌。为它谱曲的,是杜纳耶夫斯基。

俄国十月革命成功后,人们唱的是古老的民歌、革命歌曲、经过改编的外国革命民歌。到了 20 世纪 20 年代,这些歌渐渐无法完全满足人民的需求。苏联音乐工作者面临着新的挑战:如何建设新的音乐文化? 他们为此努力探索、实践。

众多作曲家创作了不少反映新时代、新生活,又脍炙人口的作品。杜纳耶夫斯基即为其中的佼佼者。

声远出生这年年底,由杜纳耶夫斯基配乐的苏联第一部音乐喜剧片《快乐的人们》公映。几天后,几乎全苏联都唱起了片中那首激情似火的歌:

快乐的心随着歌声跳荡,
快乐的人们神采飞扬。

我们的歌声唤醒了城镇，

也唤醒偏僻的大小村庄。

从此，34 岁的杜纳耶夫斯基有了一个新的"诞生日"：12 月 25 日。

"莫斯科郊外的晚上"没有令薛范迷醉不起。他马不停蹄，与曹永声沉浸于杜纳耶夫斯基的歌声。

1958 年 8 月，上海音乐出版社推出的《杜那耶夫斯基歌曲集》（薛范早期译为"杜那耶夫斯基"——作者注），收入歌曲 55 首。曹永声、薛范译配的各占50％和三分之一。

杜纳耶夫斯基担任过剧院乐队的第一小提琴手、指挥，他为话剧配过乐，并创作了一批轻歌剧。电影音乐创作同样是他艺术成果的重要部分。在《杜那耶夫斯基歌曲集》里，有他上世纪三四十年代的代表作《祖国进行曲》《红莓花开》《丰收之歌》等。薛范译配的作曲家 50 年代的作品占八首，影片《我们坚持和平》插曲《飞翔吧，和平鸽》《青年之歌》，时代特征鲜明；影片《忠诚的考验》插曲《你不要忘》及《常来信吧，女朋友们》是杜那耶夫斯基电影歌曲的绝唱，《你不要忘》也是大受欢迎的抒情歌曲。

作为编者，曹永声、薛范不仅对被选入的他人某些译配歌曲作了修改，为帮助读者能较全面地了解杜那耶夫斯基，他俩撰写了《苏联群众歌曲大师——杜那耶夫斯基》。这篇序文介绍了杜那耶夫斯基的生平、创作活动。对于杜那耶夫斯基把轻音乐领域普通、平凡的歌曲提高到艺术层面，序文予以高度评价：杜那耶夫斯基建立了独树一帜的歌曲创作体系，对现代歌曲艺术的发展起了极大的作用……

杜纳耶夫斯基的歌曲以快乐欢娱着人们，以柔情抚慰人们，充满了欢乐、爱情和青春、健康和力量；充满了人性和真诚。曹永声、薛范选择杜纳耶夫斯基，可谓顺天应人。

《杜那耶夫斯基歌曲集》出版后四个月，薛范编辑的《苏联歌曲汇编》（第二集）由上海文艺出版社出版。几乎在同一时段，两个出版社、两本重量级歌集编辑出版，年轻的薛范踌躇满志。

《苏联歌曲汇编》（第二集）比《杜那耶夫斯基歌曲集》容量更大，共收入 96首。其中薛范译配 50 多首，其他译配者有钱仁康、吴祖强、毛宇宽、曹永声、金中等。这集汇编的歌曲,分"歌颂祖国歌颂党""保卫祖国""歌唱和平劳动和青春""抒情和诙谐歌曲""革命歌曲和民歌""少年儿童歌曲"六个板块。从风靡苏联二三十年的"老"歌,到1950年代中期问世的优秀作品,从俄罗斯民歌到苏联电影歌曲,涉及范围广。作为译配者,薛范的名字频频出现在每个板块。作为编者,他却"忽略"了《莫斯科郊外的晚上》。

> 歌声帮助我们生活和工作,
>
> 歌声给了我们幸福和快乐。

薛范的《编后记》很简短。他引用的诗句,对于读者和他自己的心境都十分贴切。

为庆祝十月革命40周年,苏联国立音乐出版社约请多位著名音乐家、诗人,组成编委会主编《苏联优秀歌曲选》,选入歌曲300多首。1959年8月,北京的音乐出版社及时向读者推出了中文版,即《1917—1957苏联优秀歌曲选(1)》。由于中苏两党、国际关系出现的变化,"老大哥"的光环大大淡化。在文化艺术方面,影响也难以避免。这册不到90页的歌曲选,主要汇集了十月革命初到1932年这一时期的俄苏歌曲,壮怀激烈之情浓郁。薛范与翻译家们的"合唱"有声有色,但他想不到的是,这样的俄苏歌曲"音乐会",竟然会与他一别超过20年!

随着"一五"计划的全面完成,中国社会主义工业化基础初步奠定。神州大地,弥漫着"大跃进"的豪情。国内出版的音乐书刊,以更多的篇幅着力反映热火朝天的社会主义建设,民歌、民族音乐炙手可热。薛范初生牛犊,淡季播种。当金色的50年代进入倒计时,他的《世界歌曲》终于付梓。

1959年5月、7月和11月,三集《世界歌曲》分别由上海文艺出版社出版,初版总印数多达11.5万册。70多首歌曲选自苏联、波兰、德意志民主共和国、罗马尼亚、匈牙利、捷克斯洛伐克、保加利亚、南斯拉夫、阿尔巴尼亚、朝鲜、越南、蒙古等社会主义国家,以及美国、英国、法国、联邦德国、意大利、奥地利、希腊、瑞典、丹麦、荷兰、芬兰、澳大利亚、印度尼西亚、日本、叙利亚、阿根廷、秘鲁等国。薛范以广阔的视野选择歌曲,其艺术审美的眼光,也体现了这位年轻业余编辑的过人素养。即便是60多年后的今天,俄罗斯歌曲《山峰》,苏格兰名歌《忆往日》(《友谊地久天长》),法国作曲家比才的歌剧《卡门》选曲《哈巴涅拉舞曲》,捷克

"音乐之父"斯美塔纳的歌剧《被出卖的新娘》选曲《妈妈要我讨个老婆》,美国"民谣之父"福斯特的《哦,苏珊娜》,美国歌曲《老人河》,意大利威尔第的歌剧选曲《女人哪真会变》《饮酒歌》,澳大利亚民歌《羊毛剪子嚓嚓嚓》等,依然作为世界名歌中的经典被广泛传唱。

《世界歌曲》(第二集)主要由两部分组成:"迎接维也纳第七届世界青年联欢节""荣获 1959 年列宁文艺奖金的苏联歌曲作品"。如薛范译配的《莫斯科郊外的晚上》等。

薛范把上世纪 50 年代称作共和国及他歌曲译配的黄金时代,人们被他艺术创作第一个高峰期的歌声无数次打动。如果我们重温《世界歌曲·编者的话》,他毕生为之奋斗的初心:学习和借鉴外国音乐文化中出类拔萃的东西,虽那样地朴实,但足以搅动我们内心的平静。

第二节　失去"谢多伊"

1950 年 2 月,仅仅经过两个月的筹备,上海俄文学校建成开学!陈毅市长满怀期待地出席了开学典礼。当年,上海俄语翻译人才缺乏,学校俄语顾问即兴演讲,姜椿芳校长不得不亲自担任口语翻译。

上海俄文学校第一期学员中,有的刚学了几个月即被输送到部队、科研单位⋯⋯

世事无常,弹指间十年飞逝,俄语文学翻译家们却渐渐面临边缘化窘境。

1960 年 4 月,《苏联歌曲汇编》(第三集)出版。

才过了三个月,1300 多名苏联援华专家开始撤离回国,一大批援华合同、项目被中止。

中苏论战,气温骤变,霜冻来临。薛范翻译的苏联歌曲已无处发表,他把翻译重心移到亚非拉美歌曲、诗歌。他写的不少影评、书评、音评、剧评,在各种报纸、杂志发表。他甚至耗时一年多,完成了书稿《〈国际歌〉史话》。"文革"开始后,连这些都停摆了。

抄家、破"四旧",家里的红木家具、红木饭桌、铜汤婆子等老物件被抄走,薛范不以为然。但书稿、钢琴没了,除了四套"语录",其他书籍和资料也都被抄,薛范感觉简直像挖他的心⋯⋯

"这个外国人是谁？怎么认识的？你与他什么关系？为啥有他的照片？"抄家者喝问。

薛范瞟了一眼，原来那是一张保尔·柯察金的原型、《钢铁是怎样炼成的》作者——奥斯特洛夫斯基的照片。1957年，奥斯特洛夫斯基遗孀赖莎到上海访问、演讲。演讲结束后，赖莎赠送给薛范和以后也成为文学翻译家的王志冲等几位残疾听众每人一张保尔·柯察金的照片。

照片还搜出两套。

一套是"青年近卫军"。薛范崇敬英雄，他曾想把《青年近卫军》剧本翻译成中文，这样就能在中国演出。薛范致信莫斯科大剧院，请求剧院提供剧本、剧照。莫斯科大剧院竟然给名不见经传的薛范寄来了资料。

"那时中苏关系真好！"薛范晚年对作者说起这段往事时感叹，"那时我才20多岁，没名气，也不是翻译家协会会员，翻译家协会是'文革'后才建立的。莫斯科大剧院没有计较你身份是高还是低。"

抄家抄出的另一套照片，是薛范为准备创作纪念巴黎公社的剧本而搜集的巴黎公社的照片、军事地图、《国际歌》的照片。

"你要巴黎公社的军事地图派啥用场？"质问又起。

薛范的倔脾气爆了，他扫了对方一眼，不冷不热地"交代"："什么用场……我想把拐杖当作机关枪，到100年前的法国，去保卫巴黎公社！"

抄家者听明白了面前这个需靠拐杖方能站起来的瘦小伙刁钻的讽刺，顿时脸涨得通红，无言以对。

薛范失去的心爱物中，还有一本索洛维约夫-谢多伊亲笔题签的歌曲集。

谢多伊是苏联负有盛名的作曲家、歌曲大师。《莫斯科郊外的晚上》是他半百之年与著名歌词作家米哈伊尔·马都索夫斯基合作的结晶。薛范译配"谢多伊"，从《莫斯科郊外的晚上》起步，一曲扬名后，薛范与谢多伊书信往来。谢多伊还在自己的歌曲集扉页亲笔题签，寄赠薛范。薛范格外珍视，受宠若惊。

钢琴和唱片被搬走，保尔、谢多伊也被没收，薛范求助无门，欲哭无泪。

翻译停了，稿费取消了。"不用别人养活"的誓言，使薛范再次品尝到失败的苦涩。那些日子，他时常身无分文。父母的工资减去了一大块，要维持全家一大摊人的生活，家里能变卖的东西都卖了。

"有时候我就早早熄了灯躺下，让窗外的月光照进小阁楼，洒满床上。"薛范用诗一样的语言描述艰难的岁月，他"内心独保留一块无可侵犯的净土"，"又驾起梦的翅膀，去追寻那个静谧的夏夜、滴答的梧桐雨、那首迷人的肖邦夜曲、那个在我想象中的迷人的莫斯科郊外的晚上……"他在心里吟唱谢多伊：《海港之夜》《唱吧，我的手风琴》《联队的朋友，你们如今何在？》《牧马人之歌》《一里又一里》。

与杜纳耶夫斯基轻松活泼的歌曲相比，谢多伊的歌风格多样：雄壮、温婉、哀伤。丰富多彩的现实生活引导薛范自强奋斗、收获成功，也教会他饮咽苦酒、逆来顺受。谢多伊的歌曲旋律，给予性格倔强的薛范多重心灵抚慰。

他失去了谢多伊亲笔题签的礼物，他得到了一位患难之交。

人生充满了意外，充满了惊喜。"文革"结束后，薛范从归还薛家的部分"抄家物资"中找回了"谢多伊"。他把失而复得视为奇迹，但索洛维约夫-谢多伊1979年逝世，薛范又一次怅然若失。

第三节　慈母的肩膀

街上贴起了一条条标语。行进的人流中，一只只鲜红的袖章在晃动。

偏僻处，两个少年低声哼唱着走近薛范。"《莫斯科郊外的晚上》！"薛范听清了少年哼唱的歌名，他一阵兴奋、紧张。

多少年后，薛范形容称：我听过不知多少位中外歌唱家演唱《莫斯科郊外的晚上》，"但还从来没有如这一次令我如此动容而难忘"。他甚至"看见好多人放慢或干脆停住脚步"。

显然，行人与薛范一样产生了共振、惊诧。《莫斯科郊外的晚上》《红莓花儿开》等一度被视为"黄歌"，即便在当今，孩子把"我的心上人坐在我身旁"放在嘴上依然不合适、惹人发笑。孩子的懵懂、"大胆"，激起大人们的情感涟漪。

类似的场景，相当部分如今跨过花甲门槛者不也经历过？只不过吟唱者或邻居，或同学、同事……

有当年"上山下乡"的知青向薛范诉说，在农村，"莫斯科郊外的晚上"被改为"北京郊外的晚上"悄悄唱。

动容、难忘之余，薛范借《卡秋莎》曲作者布朗介尔之口，不动声色地道出自己的另一种感受。一次，布朗介尔等乘车到莫斯科郊外去。途中迎面走来一支迎亲队伍，农民们"打扮得漂漂亮亮，兴高采烈，又唱又跳。他们唱的正是《卡秋莎》,那样清晰,那样委婉动听,我完全被吸引住了。幸福极了！请想想。在乡村里人们办喜事竟唱着我的歌！这是对我的劳动成果的最大的奖赏、最高的奖赏"。

屋里的书橱,空空如也。收音机传来的歌声应和着特定的气息。他木然自问:这样的日子哪天到头?《苏联歌曲汇编》(第三集)出版时,薛范告诉读者:三集《苏联歌曲汇编》入选 293 首,加上五集《1917—1957 年苏联优秀歌曲选》,共为大家推荐 488 首,40 年来具有代表性、优秀的苏联群众歌曲基本入列,"也该暂时告一段落"。今后应该着意翻译介绍 1957 年以后的新歌。他满怀深情与读者道别:"再见!"

谁想,这一别竟是多少年!

要生存下去,自己养活自己。谋生之路如何从头迈?图书馆管理员、出版社编辑,可弹尽粮绝的薛范公子王孙似的附带条件:不能天天上班。

著名文学理论翻译家包文棣曾经对外甥吴伦仲提及,上世纪五六十年代,包文棣任新文艺出版社、人民文学出版社上海分社副总编辑,出版社多次研究讨论有关薛范入职事宜。对于上海分社研究接纳薛范,著名翻译家冯春也有所闻。薛范工作情况的特殊性,使之最终没能成为在职编辑。

薛范还道出自己另一"坏毛病":"脑子从来没有安分过,做刻板的、机械性的工作,我不行。"他因此谢绝了居委干部为其提供的"刻蜡纸"差事。

他只有背靠父母求生存。他尤其对慈母倍感愧疚。

上中学时,他喜爱古典文学,母亲背着他到上海文化广场图书馆听讲座,一周两次。薛范是上海图书馆的常客,为了在借阅过程中尽可能不麻烦别人,在父母支持下把一辆轮椅长期存放于图书馆,供他专用。儿子回到家,坐在母亲买来的藤椅上,腰背部位精心缝制的布垫特别柔和温暖……

为了儿子,母亲历经艰辛,饱尝苦难。

"文化大革命"爆发之时,中苏尖锐对立。薛范习惯了收听莫斯科广播电台,哪有不透风的墙。夏季,这个收听敌台的家伙被举报落网。薛范装傻充愣,死不承认。无辜的母亲黄灏,有一天也被"红袖章"带走了。

黄灏遭罚跪地"交代",脸上泛起塑料拖鞋抽击的印迹。她已年过半百,身心虽受重压,仍坚持为儿子开脱:他喜欢苏联歌曲,只是听听音乐。

那时有收音机的听众,有时会遇到"奇异"之事:转动按钮收听中央人民广播电台,冷不防会跳出一段流畅的音乐,接着是主持人不太标准的普通话,原来调到了莫斯科广播电台的频率……

审讯者得意地拿来黄灏的"证词":"你母亲不会害你吧! 她都承认了。"

薛范如法炮制应对:"我不知道,反正我没听过,我家里的收音机没有短波我怎么听? 莫斯科在几千里、几万里以外,我怎么听?"

母亲遭受的折磨,薛范事后才听说。不然这个倔小子难保不会防线崩溃,和盘托出。

不能翻译,不能上图书馆。为锻炼记忆力,薛范与很多人一样背诵《毛选》《语录》。他悄悄借来长篇小说《悲惨世界》《李自成》等偷偷看。

李自成失败绝不气馁,遇险冷静应对,不折不挠的精神使薛范肃然起敬。

法国大文豪雨果的《悲惨世界》,更让薛范陷入思考:大主教为什么为偷自己银器的冉阿让开脱? 已更名改姓当上市长的冉阿让,为什么要走上法庭道出自己的真实身份,以为一名被抓的逃犯洗刷冤情? 沙威警长忠于职守,可当救过他的冉阿让再次被抓,沙威警长面对情与法的冲撞,最终放走冉阿让,自己铐上手铐投河自尽。沙威警长为什么这样做?

薛范设想了多种可能,以解答案。他进而对自己在分析人物时卑劣的"小人之见"进行反思、寻源。

面对一处处矿藏,他总比很多人挖掘得更深,收益更丰。

第四节　结缘卖花姑娘

俄语从薛范的生活中消失已久。多少翻译家都告别了"正业",薛范守着内心的一方净土,他似乎更没理由抱怨。

日子一天天过去,当时上海绝大多数家庭都使用煤炉,在一小团废纸上架几爿木柴"生炉子",买菜做饭补衣服对他来说都不是难事。

《苏联歌曲汇编》(第三集)问世超过了十年。惊涛拍岸,沧海桑田。1972年,随着一位美国总统第一次完成访问中华人民共和国之旅,中美关系解冻,中日实现邦交正常化。广播电台又开始教授外语,薛范不失时机从书店买回教材,跟着广播学起英语、日语和法语。

外语热方兴未艾,一部外国黑白故事片的上映也引起了轰动。朝鲜电影《卖花姑娘》催发了无数中国观众"忆苦思甜"的滚滚热泪,一曲如泣如诉的《卖花歌》,在申城大街小巷赚足了人气。

一年后,朝鲜万寿台艺术团首次访华,歌剧《卖花姑娘》每场演出,中央人民广播电台和上海人民广播电台都进行了实况转播。每次转播,薛范如久旱逢甘霖,一场不漏。他打开家里那台饭盒大小的收音机,不仅聚精会神地收听,还将歌剧中一首首歌曲、播音员朗读的歌词完整地记录下来。为歌剧《卖花姑娘》配中文歌词,是薛范"特殊时期"唯一的一组歌曲译配成果,他时间充裕,细嚼慢咽,精心磨砺,自认歌剧《卖花姑娘》是他最满意的译配精品之一。

1978年,经过"拨乱反正"的中国,即将步入改革开放的新征程。一天,薛范家的楼梯响起一阵沉重的步履声。来人是上海音乐学院教授钱仁康,他斯斯文文,手提厚厚的乐谱,薛范见状感动不已。原来,钱仁康教授接到薛范借阅学院图书馆朝鲜文原版《卖花姑娘》总谱的请求,不禁被执着的薛范所打动。钱教授从图书馆借出总谱,没等薛范上门去取,不顾自己骨折痊愈不久,亲自把总谱送到薛范住的四层阁楼。为了寻找薛家,钱教授拎着十多斤重的总谱还走了不少冤枉路。

1981年,距《苏联歌曲汇编》(第三集)出版整整20年后,中国电影出版社出版了《外国电影歌曲选集》,其中收入了薛范所配的歌剧《卖花姑娘》七首插曲:《卖花姑娘》《赤诚开出幸福花》《花儿落尘埃》《可怜孩子怎么生活》《赤诚永守你身旁》《哭盼姐姐早回家》和《革命红花齐开放》。

上世纪末和2003年,朝鲜万寿台艺术团又两次来沪访问演出。当年捧着收音机收听演出实况转播的薛范,30年后终于来到美琪大戏院,观看第四届上海国际艺术节参演剧目:朝鲜歌剧《卖花姑娘》,一了心头夙愿。

对于没有大段的咏叹调,也没有宣叙调的朝鲜"新歌剧"《卖花姑娘》《血海》等,薛范不但热情译配,他还研究、撰文介绍:朝鲜"新歌剧""把民歌音调和新创作的歌曲巧妙地配合运用,采用确切的音乐形象表现剧中人物的性格和精神面貌,用幕后的伴唱或合唱来刻画剧中人物的心理活动。……其音乐结构雷同我国的《白毛女》等早期的歌剧形式,而《卖花姑娘》的剧本,无论剧情展开、人物设置,甚至所要表达的思想内容,更与《白毛女》有许多相似之处"。

薛范在编辑《世界歌曲》第一、二集过程中,即与朝鲜歌曲结缘,那是1950年代末期。如他根据俄文转译的朝鲜经典民歌《阿里郎》。

半个多世纪后的 2010 年,薛范已是古稀老人,他仍饶有兴趣地一遍遍观看 1970 年代就在中国上映的《一个护士的故事》,翻译这部朝鲜电影的主题歌《护士之歌》。朝鲜歌剧在薛范生命和事业低谷期的抚慰、激励,朝鲜歌曲浓郁的抒情性,理所当然地使情感充沛的薛范对之偏爱有加。

第五章

旧业重操

我本来还想以歌曲为基地，站住脚以后，回头再从事文学研究。所以一方面在翻译，一方面还是在大量收集这方面的书和资料。但是后来明白了，我已经没有多余的时间和精力再旁骛别的什么了。

——薛范

第一节　大地，早上好

清晨，东方破晓。薛范以手代步，费劲地征服楼梯，来到北边的阳台上。曙色初现，空气清新，万物渐渐苏醒，新的一天到来了！他情不自禁轻声哼起《青年圆舞曲》欢畅的旋律。

那天，当他从广播中听到这首久违的乐曲，仿佛干枯的田野迎来春雨。

新时期中国的银幕使亿万观众欲罢不能，一首首电影插曲在大街小巷成为势不可挡的流行歌曲。《雁南飞》《驼铃》《我爱你，中国》《我们的明天比蜜甜》《牡丹之歌》《青春多美好》《啊，故乡》《妈妈留给我一首歌》……

歌曲，仍然是赞颂和斗争的重器，而歌曲消遣娱乐功能的"回归"更让人们充满了希望和向往。

歌声传播途径变化之快简直令人难以置信，以往宝贝似的晶体管收音机只是普普通通的主粮。盒式录音机，单喇叭、双喇叭收录机为压抑已久的人们发现自我、释放自我提供了奇妙的工具，尤其是它们与从我国港台地区飘来的一阵阵回肠荡气的流行歌曲相结合。家庭黑白电视机数量逐渐增加，推波助澜。

"小城故事多，充满喜和乐。若是你到小城来，收获特别多""我爱你有多深，我爱你有几分"……一个20多岁的中国台湾姑娘邓丽君让千千万万大陆听众如痴如醉。

与母亲、歌曲相依为命的薛范当然也常听邓丽君。他早已过了不惑之年，岁月一再打磨他的棱角，教心高气傲的薛范学会了"忍耐、宽容、等待"。然而，江山易改本性难移，如果失去了固执，失去了一条道走到黑的倔劲，他也就像诸多年代久远的译配者一样随风而去。

上海的影剧院人头攒动，盛况空前。国产片、日本片、印度片、墨西哥影片、欧美大片你来我往，档期爆满。《人证》《狐狸的故事》《流浪者之歌》《两亩地》《多瑙河之波》《奇普里安·波隆贝斯库》《佐罗》《水晶鞋与玫瑰花》《音乐之声》……薛范一次次聚精会神品尝银幕大餐。

他想让中国观众能用汉语唱外国电影歌曲。很多影片，他只能反复观看，用笔记录词谱。稀罕时髦的录音机，也被他征用，拎来当助手。

译配一首歌的稿费，远远抵不上购买电影票的支出，薛范懒得算经济账。他所思所想的是，欧美歌曲多抒发、宣泄个人情感，而苏联歌曲浓郁的家国情怀是宝贵的精神财富。他在重操旧业翻译各国电影歌曲时坚信：苏联歌曲肯定还会被介绍到中国。

这应该也是众多俄语翻译者的期待吧！天下大势，分久必合。薛范等待已久，他开始行动了。他搜索的目标，是上海图书馆保存的 1960 年代及之后的苏联杂志。结果令他非常失望：1964 年以后——空白。上海没有，就去北京图书馆！他登上列车，轮椅车被托运同行……

一般而言，中苏关系的松动，出现于 1982 年初。

这年 3 月 24 日，苏联领导人发表"塔什干长篇讲话"，释放了愿意改善对华关系的善意。两天后，刚建立发言人制度的我国外交部召开新闻发布会，外交部首位新闻发言人钱其琛发布了只有三句话的简短声明："我们注意到了 3 月 24 日苏联勃列日涅夫主席在塔什干发表的关于中苏关系的讲话。我们坚决拒绝讲话中对中国的攻击。在中苏两国关系和国际事务中，我们重视的是苏联的实际行动。"

翻译李肇星话语刚落，一位苏联记者当场竖起大拇指！

然而，循着薛范的译配足迹，我们可以发现，中苏文化领域的"解冻"更早。

1981 年 12 月，由中国电影出版社出版的《外国电影歌曲选集》，收入的 107 首歌曲中与薛范相关的多达 45 首：朝鲜电影歌曲 14 首；日本影片《白衣少女》主题歌《为了我俩的爱》，《狐狸的故事》插曲《大地，早上好》；印度影片《流浪者之歌》插曲《你俘虏了骄傲的心》《丽达之歌》,《两亩地》插曲《告别》;罗马尼亚影片《多瑙河之波》选曲《多瑙河之波》,《奇普里安·波隆贝斯库》选曲《五一进行曲》《三色旗》;民主德国影片《河流之歌》插曲《河流的歌声》;法意合拍影片《佐罗》主题歌《啊,好汉佐罗》;英国影片《水晶鞋与玫瑰花》插曲《在童年时度过好时光》《忽然间梦想实现》《我忘不了那旋律》《在爱情的秘密王国》;美国影片《音乐之声》插曲《我心爱的一切》《孤独的牧羊人》《雪绒花》,《爱丽丝漫游仙境》插曲《我自己的小天地》;墨西哥影片《生的权利》插曲《睡吧,小宝贝》。

引人注目的是,《外国电影歌曲选集》中仅薛范译配的苏联电影歌曲就有13首,包括《莫斯科郊外的晚上》。

快跑　快跑　迎着早晨的阳光,大家兴奋地跳跃……大地早上好!
大地早上好!

《外国电影歌曲选集》,薛范的"半本作品集",它与薛范1960年4月出版的《苏联歌曲汇编》(第三集)相距21年!

第二节　重温文学梦

高考恢复了,图书馆门口排起了长队,公园里捧着书阅读的姑娘、小伙如饥似渴,苏联文学作品在上海及外地多个城市的刊物登载……薛范恍若回到了激情澎湃的年代,他认定:共和国迎来了又一个黄金时期。

歌曲翻译,时常要等米下锅。他饥饿已久,目标迷茫。空闲时,薛范又啃起历史书籍、资料。在他的精神世界,能安抚他灵魂的除了歌曲非文学莫属。他旧情复燃了。

薛范把对英雄的崇敬、赞美化为电影语言,创作了电影剧本《辛弃疾》。余兴未了,他又以南宋名臣虞允文指挥三军,采石之战打败南侵金军,以及辛弃疾壮志未酬、隐退山居为题材,创作了短篇历史小说《浪拍采石矶》《凭谁问》。

电影剧本《辛弃疾》出师未捷,上海电影制片厂相关人员的答复是:历史剧的写法落伍了……

薛范有些沮丧。他并非首次写电影剧本。1958年,上海音乐学院几位同学到苏北农村、工地参加劳动和采风,年底由萧白作词,萧白、王久芳、王强、张英民作曲,完成了大合唱《幸福河》。七个月后,第七届世界青年与学生联欢节大会在维也纳举行,《幸福河》荣获大型作品比赛一等(金)奖。

"联欢节"是薛范的"幸运节",他灵感再现,依据上述佳话构思了一部音乐故事片剧本《没有唱完的歌》。薛范按照故事情节设计了一首首插曲,并写了歌词。萧白是《没有唱完的歌》理想的作曲者,薛范期待,期待他使一首首独唱曲、重唱曲、对唱曲、合唱曲点石成金。

开局很美好。电影厂收到薛范的剧本,很快请他住进淮海中路爱司公寓(现瑞金大楼)内的招待所,修改剧本。薛范与导演组成员改了一个多月,演员组的白穆、牛犇等常来打听进展。但是,第一稿修改完毕,恰逢"三年困难时期"开始,随着电影厂的撤并,《没有唱完的歌》尚未开唱便偃旗息鼓,不了了之。

薛范的好友殷立民至今仍记得,1960年前后,薛范写了个"古巴革命"题材的话剧剧本,黄佐临导演准备排练。这个剧本叫《紫石竹花》,三幕话剧。紫石竹花最终也夭折了。

《怒吼吧,刚果》《满江红》……薛范屡"败"屡战。1965年的三幕七场话剧《满江红》,取材于岳飞抗金事迹,薛范借鉴郭沫若《屈原》中的"雷电颂",为主人公岳飞安排了一段类似的独白,壮怀激烈、气吞山河。薛范满怀希望把剧本寄给上海青年话剧团,几个月后,导演伍黎与著名演员杨在葆来到薛家。比薛范小一岁的杨在葆血气方刚,他在薛范的房间里还朗读起剧本片段……

薛范年纪轻轻,却老谋深算。原来,耗费了他两年时间的《满江红》剧本,除了话剧,还有上下集的电影版。他为电影剧本挑选的婆家则是长春的《电影文学》月刊,而且回音也鼓舞人心。

人算不如天算!话剧的排练、演出,电影的拍摄、上映,投入大、周期长,充满变数,其成功率岂能与"短平快"的歌曲译配相比较。何况风暴来临,物是人非。

……

苍天不负有心人。1984年9月和1985年初,小说《凭谁问》《浪拍采石矶》分别在合肥的《大江》和南昌的《小说天地》发表。老天爷仁慈地让薛范以"稽志默"的笔名"梦想成真"。

这是薛范50周岁收到的最好的礼物!但也为他的话剧、小说创作打上了休止符。尽管有点与他不回头的个性相悖,可是似乎没人感到奇怪、惋惜!他早把英雄情结,把文学之梦化于浪漫的莫斯科郊外,化于美丽的雪绒花……

薛范知足了,他终于"醒悟"。

2007年11月,他在接受访谈时的一席肺腑之言,多少道出了他与文学梦告别的缘由:

> 过去我为文学研究和文学评论以及关于历史研究所收集的大量资料、卡片、记录笔记本全部在"文革"中丧失了,我考虑到,能够拿得起来的,已经在社会上有过一定影响的,也就只有歌曲翻译了。我本来还想以歌曲为基地,站住脚以后,回头再从事文学研究。所以一方面在翻译,一方面还是在大量收集这方面的书和资料。但是后来明白了,我已经没有多余的时间和精力再旁骛别的什么了。

第三节　雪化冰融红莓花开

"嵇志默"的小说像一缕轻风拂过。

薛范心归"正途",他原本没抱什么奢望,他享受着梦圆的快感,又蜜蜂般采撷劳作。

他与崔杰、志光、向宇编译的《新译外国名歌120首》及其续编,在《凭谁问》和《浪拍采石矶》发表的前后相继"匆忙"出版。

与薛范编译的其他歌集相比,"新译"略去了每首歌曲译配者的姓名,也没有序言或编后语。让作者感到过于"匆忙"的还有:其中不少经典歌曲是标准的"老译老配"。

或许为迎合饥渴的市场需求,或许是特定时期资料散失、缺少等所致。这不是挑剔、讲究的薛范。他身陷困局,力不从心?

50多岁的他体能大不如前,父母的退休金才使他衣食没有后顾之忧。家里的楼梯似乎越来越陡,越来越高。每次出门去查阅、购买资料,他犹如驾着小木舟迎战风浪。

1985年,他单枪匹马前往北京。轮椅的动力来自手臂,来自他内心强大的推力。中苏关系进一步缓和,薛范悄悄为十月革命70周年准备大礼。

《1917—1987苏联歌曲佳作选》，是"文革"结束后中国大陆出版的第一本苏联歌集，也是薛范从事歌曲译配前35年所编收入作品数量最多的歌曲集。235首有代表性的苏联歌曲，他逐一重新校订，有些自己的旧作甚至干脆推倒重译。"佳作选"附有40多位作曲家的小传，薛范撰写的《苏联歌曲的发展道路》，为读者及时提供了我们的北方邻国70年，尤其是近20多年间声乐的演变。

薛范分析道，苏联"纯"爱情歌曲在1950年代大量出现，之后更是直线上升。《莫斯科郊外的晚上》通过情歌的形式表达对首都、祖国的爱，是《祖国进行曲》这类歌曲的爱国主义主题以新的面貌、以另一种形式出现。自60年代以来，重大题材也进入了个人抒情领地，一些优秀抒情歌曲都在深入开掘人复杂的内心世界，表现人的丰富性格上作了多侧面、多层次的探索和尝试。随着对外文化交流的扩大，受外来音乐文化的影响，六七十年代的苏联歌曲在创作手法和表现手段上——色彩、旋律、节奏、和声语言，甚至伴奏配器，都出现了某些前所未有的特点。

薛范把这特点归纳为"歌曲样式之间的传统界限正在消失"。

薛范为读者和歌迷推荐了一位苏联承前启后的"学院派"作曲家巴赫慕托娃，把她称为继杜纳耶夫斯基、谢多伊之后又一位杰出的歌曲大师。

薛范为《1917—1987苏联歌曲佳作选》投入了两年时间，这当然不包含他之前搜集、翻译1964年往后一度在中国"断档"新歌的耗费。对于"空白期"弥补的成果，他没有宣扬。且让我们按图索骥，"佳作选"中1964年起收入的苏联歌曲有85首，并全部由薛范一人译配。

歌曲译配使他成名，歌曲译配也令他深陷苦难。在孤独无助、几近绝望时，他曾发誓：这辈子不再翻译苏联歌曲！但他根本做不到。

"世上只有一种英雄主义，就是在认清生活真相之后，依然热爱生活。"罗曼·罗兰的名言激励、成就了多少包括薛范在内的形形色色的英雄！

苦尽甘来，生命旅途中一朵朵艳丽的鲜花为他盛开。这个时期，他接连加入了上海翻译家协会、上海音乐家协会、上海市作家协会。

为配合"佳作选"发行，1988年3月27日，上海音乐出版社与上海电台星期广播音乐会、上海乐团合作，举办苏联歌曲专场音乐会。

星期广播音乐会1982年出现于上海，几十年来深受上海爱乐者追捧。这台新时期首场苏联歌曲音乐会由薛范策划，虽然一时没有引起太大的反响，但它对薛范却意义非凡。

音乐会开场后,主办方和薛范惊讶地发现,剧场居然坐着一排洋观众。赶紧打听才得知,苏联驻沪总领事馆的官员从报纸上获悉音乐会信息,自发购票携家属前来观赏——从驻沪总领事、副领事到文化专员、新闻专员。中苏关系还没有"正常化",上海的音乐厅里,一段民间外交的插曲奏响了。

音乐会散场时,在薛范朋友引导下,苏联驻沪总领事馆一位文化专员来到薛范面前。他向薛范要联系方式,薛范犹豫了一下,没有拒绝。年底,文化专员又邀请薛范参加总领馆新年招待会,后又表示要上门看望薛范。薛范心有余悸,都婉言谢绝了。

转眼到了1989年春,薛范译配的《最新苏联抒情歌曲100首》和《苏联最新电影歌曲100首》出版,他怀着内疚和期望,把两本新歌集,连同《1917—1987苏联歌曲佳作选》寄赠苏联作曲家协会。

一年后,苏联作曲家协会的信函通过上海市文联转到薛范手中:

> 感谢您所从事的创造型的工作增进了我们苏中两个伟大国家的友好联系。您对歌词有卓越的审美感,把握住词的歌唱性,从而您的译词化为了音乐。听着中国歌手出色地演唱苏联歌曲,我们非常清楚,正是您,在中国大地上赋予了这些歌曲以生命。

远方的来信富有诗意,"苏联"却将成过往。
历史以自身运转的规律行进,而情谊、恩怨、文化等伴随记忆留存。

第四节 梦里情怀一甲子

岁月匆匆,时光无情,硝烟弥漫的20世纪迈进了最后的十年。曾经被纱布、石膏紧紧包裹的小男孩声远,随着歌声的流淌,也即将迎来人生的甲子之年。

星期广播音乐会的声波、一本本翻译歌集的效应,为薛范招来了各方媒体采访报道。他的命运与生活状况也由此改变。

"我加入了上海翻译家协会、作家协会,但还没有工作、没有工资。新华社、中央人民广播电台、《人民日报》等媒体记者前来采访我,都觉得应该解决我的生活困难，于是他们写了内参呼吁……"薛范对作者讲述他搬出"小阁楼"的经过。

《解放日报》一位记者多次写内参反映薛范的困境。有一次，这位记者在上海市人大会议期间采访市府一位爱好音乐的秘书长，有意无意间谈到《莫斯科郊外的晚上》。记者说，我认识这首歌的翻译者，我陪你去看看。于是，他们来到黄陂南路，爬上薛范家四楼的阁楼。楼梯像船上的悬梯，秘书长上来顺利。大家情不自禁聊苏联歌曲，聊年轻时的生活。记者频频敲边鼓：薛范同志现在还住阁楼，而且这么高……

客人下阁楼时，才体会到悬梯之难。秘书长回去后指示有关部门解决薛范的住房问题。过了些天，有位科长来看望薛范，并征求薛范的意见："中山南一路有一处两室过渡房，底楼。"当时中山南一路八车道，还没造高架，过渡房临近黄浦江边，有点冷落。薛范"不知好歹"还嫌地段偏远。科长透露，国家新的住房分配政策即将出台，福利房要取消。这套两室房你先拿下来，以后再换。

薛范终于告别阁楼，不用再边喘粗气边手攀悬梯。父亲已于多年前离世，薛范与母亲搬到了中山南一路。

两间底楼居室双双朝南，天井、厨房、卫生间俱全。薛范的房间里，他的财产又快速积累——他的藏书、资料部分是朋友或歌迷所赠。

迁入新居的最初几年，他译配产出很少。李凌、赵沨为漓江出版社主编《中外民歌大全》，薛范应邀与周枫等担任编委。1992年2月，上海音乐出版社推出他编译的《奥斯卡金像奖电影歌曲荟萃》，中英文对照，吉他伴奏。薛范把这些电影歌曲视为美国流行歌曲的缩影和精品。这本歌曲集的很多资料，靠薛范的朋友从美国搜集而来。

薛范没能延续1980年代末的创作势头，苏联的解体对他不无影响。当然，还有其他因素，如出版业效益开始滑坡，外国歌曲的翻译介绍也陷入困顿。

谋事在人，成事在天。国际风云变幻万千，中国与北方邻国的关系趋暖依然。1992年12月，中俄发表两项联合声明，宣布两国"相互视为友好国家"。1994年9月，中俄宣布结成"面向21世纪的建设性伙伴关系"。

清风拂面，春江水暖。即将迎来花甲之年的薛范耐不住了。在他的策划下，上海爱乐合唱团着手排练，筹办苏联歌曲音乐会。

但棘手的难题绕不过去。苏联解体后，中国还是第一次举办苏联歌曲音乐会。我们打出"苏联"的旗号，俄方会怎样想？对此，乐团指挥曹丁、音乐会顾问薛范等哪敢自作主张。据音乐会舞台监督、合唱团资深女高音王务荆回忆，龚心瀚同志曾任上海市委宣传部常务副部长，当时他刚出任中央宣传部常务副部长，于是上海有关部门决定向老领导请示。北京一锤定音，大伙笑逐颜开："莫斯科之夜"音乐会，妙！

1994 年 8 月 18 日和 19 日，"莫斯科之夜——前苏联歌曲合唱音乐会"分别在上海商城、上海音乐厅举办。当时各地合唱团演出正处低谷，而"莫斯科之夜——前苏联歌曲合唱音乐会"却吸引一批四五十岁的中年观众，票子被一抢而空。

音乐会结束时，坐着轮椅的薛范上台答谢。想起这一幕，王务荆 28 年后仍感慨万分：上世纪 50 年代要求用中文唱外国歌，不能崇洋媚外，所以歌曲翻译吃香。我们乐团的周枫，熟悉多国语言，他译配了大量歌曲。周枫懂哲学、美学，乐团搞资料工作。周枫的有利条件是，他接触的都是歌唱家，可以经常听取意见。相比之下，薛范"先天不足"，五六十年代专业团体很少唱他译配的歌。薛范身为残疾人，几十年来坚持不懈，成就斐然，我们非常尊敬他！"读过托尔斯泰才知道托尔斯泰的伟大。俄罗斯艺术伟大，它的歌曲、合唱魔力独特！"

近 30 年过去了，王务荆年逾八十，音乐依然是她生活的一部分。

善以包容的心态融合外来文化的上海，通过星期广播音乐会奏响了薛范翻译生涯第二春的序曲。在薛范的第五个本命年，令薛范"受宠若惊"的场景再次出现。福州路市府大礼堂，上海市作家协会成立 40 周年庆典现场笑声欢语。当薛范先生坐着轮椅被推上舞台时，赵长天、赵丽宏、毛时安、宗福先等围着薛范，唱起了《莫斯科郊外的晚上》。在场一千多位作家长时间地把掌声献给他。

一个瘦弱、无法徒手站立的残疾者，60 年来他在与厄运抗争中所体现的不屈斗志、他为人们奉献的美妙歌声，赢得了在场所有人的敬意！

面对这样的礼遇，薛范欣然、从容、大方得体。这只是个开始，他的内心多少有点受宠若惊，但不久后他在北方受到观众几近疯狂的追捧时，却带着几分陶醉、几分幻觉……

上海人的情感表达相对含蓄、温和。而在北京，薛范被观众豪爽的性情及更浓重的俄苏情结一次次点燃，他终于火爆了。

那年，薛范应北京电视台邀请担任"梦里情怀"节目嘉宾。"北京的一些发烧友知道我要去，他们自己凑钱，自发组织了一场欢迎会，在解放军艺术学院大礼堂。那是民间的,没有任何背景的一场音乐会,居然惊动了中央电视台、北京电视台、中央人民广播电台,还有《北京青年报》《北京晚报》等等媒体,那天我到达会场的时候吓了一跳,迎面都是闪光灯。在欢迎会上,他们唱了许多苏联歌曲,每个人在演唱之前都说了一大段话,表示对我的敬意。"薛范谈到当时的情景,一切仿佛历历在目,"有位教授走到我面前,恭恭敬敬鞠了一躬,对我说:您的歌曲影响了我们几代人。那天,《莫斯科郊外的晚上》大家唱了四遍!"

读者和听众通常会"忽略"译者的姓名,用薛范的注解:吃鸡蛋,谁会记住蛋是哪只鸡生的? 但偏偏有那么多人记住了薛范。薛范幽默地半调侃半自夸:"原来薛范还这么有名气!"

上海的"莫斯科之夜"余音缭绕,薛范即随上海爱乐乐团马不停蹄北上。出乎意料的是,上海爱乐的歌声不仅唤醒了京城听众深藏的伏尔加记忆,而且引发了一阵阵涌潮。他如同国宝般被发掘,炙手可热,如梦如幻!

第六章

"出土文物"

从 1994 年到现在,每一年都有俄苏音乐会,到现在不下 500 场。世界上哪一个国家的音乐会有这么长的生命力?没有,包括美国都没有。

——薛范

第一节　回眸,泪光闪烁

八月的北京白天闷热,晚上可比上海凉爽多了。8 月 25 日,处暑过后的第三天,"莫斯科之夜"音乐会的歌声,又在北京音乐厅缭绕。

再过二十多天,薛范将迎来 60 周岁生日。大半年来,他一次次来到北京,每次都使他喜出望外。

几个月前,薛范与北京卡林卡合唱团"一见钟情",欣然担任合唱团艺术指导。北京卡林卡,由一群俄苏歌曲的中年歌迷于 1993 年组建,副团长萧霜是开国上将萧华爱女。薛指导刚上任,俄罗斯驻华大使馆举行国庆招待会,邀请在京的薛范和卡林卡合唱团出席,并希望合唱团"唱几首"。

唱什么歌才合适呢?薛范略作思索,计上心来:"苏联刚解体不久,我们该有所避讳。革命性、政治性的歌曲不唱,就唱一些抒情歌曲吧。"

招待会上,卡林卡合唱团唱了《纺纱姑娘》等几首歌,宾主意犹未尽。

"可以唱《祖国进行曲》吗?"卡林卡领导悄悄问罗高寿大使。

"可以啊,我来伴奏!"把中国视为第二故乡的罗高寿豪爽而答。

罗大使奏响琴声,苏联第二国歌在会场回荡,令人百感交集。没有了顾忌,大家一首首痛痛快快放开了唱!

......

夜幕还未降落,北京音乐厅门前渐渐热闹。一张不到百元的"莫斯科之夜——前苏联歌曲合唱音乐会"门票,被票贩炒到了四五百元。

这场音乐会的意义和它所要对外传递的信息,通过一些高规格观众的出席得到了强化——国务院副总理李岚清,对外经济贸易部部长吴仪,中国人民对外友好协会副会长陈昊苏,著名作家王蒙,著名作曲家吴祖强、瞿希贤……

善解人意的主办方,当然没有向罗高寿等俄外交官员发出邀请。

薛范以两个字概括了音乐会的效应:轰动。尤其是终场前后的情景,使他在意外的惊喜中获得了从未有过的满足。

"莫斯科之夜"的压轴戏是苏联影片《大马戏团》插曲《祖国进行曲》,正是这首雄壮、活泼、轻松、饱含激情的颂歌,让观众再也无法阻挡心中的涌流。中老年观众们情不自禁加入了大合唱,一边不住地抹泪——"泪飞顿作倾盆雨"。

演出结束了,骤雨方歇,观众们又围着薛范,签名、倾诉。

苏联歌曲曾与共和国的梦想、与一代代中国听众青春的记忆相连。三四十年后,当人们若有所失,高歌回眸,难免感慨无限!

两天后,上海爱乐合唱团京津沪巡演的最后一场也大获成功。

在困境中观望的中央乐团终于按捺不住了。1994年11月,由薛范策划并出任顾问的"伏尔加之声"音乐会,也在北京音乐厅举行。舞台上,"中央乐团'伏尔加之声'音乐会"的黑体字与白色横幅,"撩拨"着人们的离愁别绪。音乐会谢幕返场时,许多中老年观众又流着泪,加入《莫斯科郊外的晚上》大合唱。薛范对现场的气氛非常满意,他身着深蓝夹克、黑毛衣,上台接过观众献上的鲜花,咧嘴而笑。

中央乐团合唱团演出了几场,欲罢不能。于是,两个多月里在北京、天津、青岛等地演出了23场,观众达3万人次。"苏联歌曲热"蔓延全国。在以后的十多年里,年年举行的俄苏歌曲音乐会,不下500场。薛范不止一次面对采访的媒体记者自问自答:"世界上哪一个国家的歌曲音乐会有这么长的生命力?包括美国都没有。你说哪个音乐会能演出500场,没有。"

北京媒体把薛范与"西部歌王"王洛宾比作两大"出土文物"。他们都有传奇的经历、特殊的贡献,价值被重新发现、重新理解。

被北京观众、北京媒体捧红的薛范,起初面临围观、要求签名的观众,耳闻他们"我是听着您翻译的苏联歌曲长大"的告白,多少有点受宠若惊。北方人热心、真诚,使他倍感亲切。轮椅车胎坏了,一位素不相识的北京工人出手修复。到北京图书馆,他不仅有人背,还有长期寄放的"专车"伺候……爱乐者给了薛范诸多礼遇,也让他产生过奇异的幻觉。当音乐会前后,歌迷一次次把他连人带车抬起来,出入剧场,他悄悄与友人刘文炳开玩笑,称自己恍恍惚惚中似有君临天下的感觉!

北京的秋天是最美的季节,薛范坐着轮椅,热心的友人连推带抬把他送上雄伟的八达岭长城。

第二节 "你怎么还来看我?"

长城上的薛范显出几分倦意。五六年间,他的脸上不知不觉又添了几道皱纹。曾经闪烁于他眼神中的丝丝冷傲,随着年龄的增长渐渐淡化。他桀骜不驯的性情经过岁月磨砺,露出了温润的光泽。他艰难地从崎岖的山谷登上长城烽火台,他不愿迎合别人关注、同情的目光。当薛范踌躇满志品味无限风光时,或许他会想起几位患难之交,他们才能真正领会彼此晶莹的泪光。

上世纪50年代中期,上海卢湾区把病、残共青团员组成一个休养支部,薛范与患肺结核的林志豪等每个月要参加两次组织生活。不久,通过林志豪介绍,薛范又与殷立民结识,他们都热衷于学外语。

林志豪是卢湾区教育学院的音乐教研员。薛范"重操旧业"后,偶尔也与当年的病友联手译配。薛范译歌词,林志豪帮忙记谱。在《世界电影经典歌曲500首》中,他俩合作完成了美国电影《走出非洲》插曲《骊歌》,英、美、瑞士合拍影片《海狼》插曲《时光流转》,英国影片《柔情怜意》插曲《我定能登攀》,印度影片《爱的火山》插曲《你是我的太阳》《祝你生日快乐》等。

殷立民童年期染上肺结核,长期卧床。他出生于海关世家,妈妈从海关没收物资里发现有雷米封,提出购买申请获准,殷立民幸运地逃过一劫。他自学成才,走上外语学院工作岗位,拍摄完成中国第一部外语教学影片。殷立民和上外的同事摆弄录音机玩出了怪招:用纸带代替录音磁带,上外为此开了个磁带厂。

薛范没少去殷家听录音机、交流学习心得。对于薛范在歌曲翻译中受到的挫折,殷立民感同身受。2012年1月7日,殷立民发表于《澳门日报》的《关于红蜻蜓的记忆》令人喟叹!

上世纪 60 年代初，日本音乐电影《这里有泉水》在中国放映，这部影片反映了二战日本失败后，日本音乐家们艰苦创业，到山区、农村、学校传播古典音乐。殷立民对电影中贝多芬《第九交响曲》、柴科夫斯基《第一钢琴协奏曲》十分喜爱，他印象最深的是年轻音乐家唱的日本著名歌曲《红蜻蜓》。

那时音乐出版社与歌曲翻译家薛范约稿，要他编辑两本歌曲集：《亚非拉歌曲集》和《俄罗斯民间歌曲集》；工作量很大，薛范邀约我合作，有二十几首歌曲由我翻译配歌，其中包括《红蜻蜓》和另一首日本歌曲《海滨》。我不懂日语，就找了我们上海外国语学院合唱队的陈爱珠同学合作，她是日语系学生，母亲是日本人，语言上毫无困难。我填配歌词时，用词造句力求符合原作的意境。薛范非常满意，提议将《红蜻蜓》先在北京的《电影歌曲》期刊上发表，《电影歌曲》编辑部很快回复，肯定下一期发表，并且寄来了校对样稿。

但殷立民很失望：《电影歌曲》出版后，里面没有《红蜻蜓》。事后他听说，有关人士指示要少发表外国文艺作品。

薛范编辑完稿的《亚非拉歌曲集》和《俄罗斯民间歌曲集》都不能出版；而且他创作的古巴题材的话剧《紫石竹花》，原先已经列入上海人民艺术剧院黄佐临的排演计划，也被取消。"文化大革命"期间薛范因此还遭受牢狱之灾。而且这些稿件全部被销毁，我们没有复印设备留底，其实也不敢留底。

前几年薛范问我，是否还记得《红蜻蜓》和《海滨》的歌词？他说，虽然已经另外有人将这两首歌曲译配发表，也已经流传，但是在他的印象中，我填配的中文歌词更好。我试着回忆，将《红蜻蜓》的歌词默写出来发给了他，2005 年出版的，李凌和薛范合编的《民歌经典》集上发表了我的《红蜻蜓》，四十年后重见天日。

对于"文革"期间的遭遇，薛范往往"泛泛而谈"。相关亲历者的零星追忆，虽无法完整地拼接还原，但足以触及薛范深掩的疮疤。

陈志强有一次去黄陂南路探望"声远哥哥",不料薛家门窗上贴上了封条。他鼓起勇气向邻居打听,得到的回答是:"薛范,现行反革命!不住了。"志强从此与"声远哥哥"断了联系,很多年后当他看到薛范"复出"并搬到中山南一路居住,志强却没勇气上门。因为在"声远哥哥"陷入苦海的岁月,他却没能给予安慰。

"文革"期间,殷立民在上海外国语学院接待过前去"外调"的公安人员:"殷立民同志,你是一位好同志。但是我要告诉你,薛范是一个现行反革命。你要揭发他!"

因"反革命"连累了别人,薛范表达的"歉意"很特别。1983年,殷立民去薛范家,他俩多少年后重逢,薛范冲他发问:"你怎么还来看我?没恨死我?"

第三节　金秋硕果飘香

"伏尔加之声"波涛滚滚,薛范"呼风唤雨"、推波助澜。1995年,正值世界反法西斯战争胜利50周年,由他编辑的《苏联歌曲珍品集1917—1991》于11月隆重发行。

中国电影出版社的这一大手笔作品,收入苏联各时期代表性歌曲300首,其中1987年至1991年的新歌12首。"苏联歌曲在50年代曾伴随我们的青春岁月;今天,它仍然和我们在一起;我相信,这世界上只要人类存在一天,那些曾经激励我们去追求崇高理想、追求美好生活的歌曲将永远和我们同行!"一年前,薛范在中央乐团排练厅以坚定的语气对大家说。他把这年发表于《音乐爱好者》第5期上的《理想的光辉永不熄灭》一文的片段,作为"代序"一部分,情深意浓地颂扬。这篇文章,就是《俄苏歌曲赞》。

薛范想到北京的"苏联歌曲热":两个多月23场"伏尔加之声音乐会"上演,电视、广播、报刊纷纷报道,音像出版单位竞相录制苏联歌曲唱片,半个世纪前的"黄花"更光彩夺人⋯⋯他提出,这耐人寻味、独一无二的文化现象和社会现象值得探讨思考。苏联歌曲过去曾经、现在和将来仍然会对我们产生巨大及深远的影响。

时任俄罗斯驻华大使馆参赞、俄中友好协会副主席库利科娃收到《苏联歌曲珍品集1917—1991》打印稿,提笔写下《友谊的伟大业绩》一文。她告诉中国歌迷:这些苏联歌曲"我们祖辈、父辈唱过,今天我们的年轻一代还在唱"。"有些歌曲不仅团结了一代人,并将世世代代流传下去。"

库利科娃赞扬薛范"对苏联歌曲的词意有深切的理解,体味出其中深刻的内涵和韵味"。这本歌曲集的出版,"为俄中两国人民的相互理解和友谊做出贡献"。

薛范善于把握时机,融入时代之潮。上世纪50年代如此,八九十年代他依然春播秋收,以自己的硕果为歌迷们送去及时雨。"文革"后大陆第一本苏联歌集《1917—1987苏联歌曲佳作选》;苏联解体后中国编译出版的第一本系统、全面地介绍俄苏歌曲的专集《苏联歌曲珍品集1917—1991》;世界上第一部有声电影上映即将70年周年之际,薛范又锦上添花,编辑出版了《世界电影经典歌曲500首》——中国第一部外国电影歌曲的集大成之作。

薛范绝不仅仅属于俄苏歌曲!他曾一次次自豪地"宣示":改革开放后首先进来的外国歌曲是欧美的,尤其是美国的,我就开始转行翻译美国歌曲。所以全世界各国的歌曲我都翻译过。比如《雪绒花》《忆往日》《草帽歌》《丽达之歌》,动画片《变形金刚》《花仙子》《机器猫》插曲,音乐剧《猫》插曲《回忆》,以及汉城奥运会主题歌《手拉手》,意大利世界杯主题歌《意大利之夏》,摇滚名曲《天下一家》,等等。

70万字的《世界电影经典歌曲500首》,荟萃了奥斯卡奖、金棕榈奖、凯撒奖、苏联国家奖等国际著名奖项的获奖歌曲,以及其他各种音乐节获奖歌曲、外国电影名歌。所选歌曲有独唱、对唱、重唱、小合唱、混声大合唱,形式多样。歌曲体裁也丰富多彩,有颂歌、进行曲、抒情曲、摇篮曲、诙谐曲,等等。

美国电影歌曲占据了其中的三分之一,多达160多首。薛范编选出手不凡!始于1972年的中美关系漫长的"蜜月期",两国文化交流的深化,给中国译配家们提供了广阔的空间。薛范译配的《红河谷》《蓝色多瑙河》《当我们年轻时光》《维也纳森林的故事》《友谊地久天长》《我会永远爱你》以及《音乐之声》的十首歌曲等,都是人人传唱的"通俗名曲"。活泼轻松、抒情性强的美国歌曲对薛范颇有吸引力,仅在《世界电影经典歌曲500首》中,薛范译配的美国电影歌曲多达123首,此外与他人合作译配3首。

90多首苏联电影歌曲虽所占数量不到二成,但它与美国电影歌曲占据了半壁江山。

编选出版世界电影经典歌曲集是薛范夙愿，他的愿望萌生于1960年前后。他在《世界电影经典歌曲500首》"编后记"中透露："歌集后来多次编成，却屡遭周折和磨难，始终未能与读者见面。"1995年书稿排校完成，并且出了软片，"本希望在世界电影诞生100周年和中国电影诞生90周年之际奉献于读者面前的，甚至已向新闻界发了消息"。后由于"说不清、道不明的原因"出版搁浅。1996年2月，中国电影出版社毅然接手出版事宜，《世界电影经典歌曲500首》历尽曲折，终于问世。

薛范既是译配家、编选者，也是研究世界电影歌曲的权威。他为歌集撰写的《银幕上的歌曲》，从有声电影的出现，对搬上银幕的百老汇舞台音乐剧，美国电影音乐剧、迪士尼动画故事音乐片、苏联第一部有声电影、苏联音乐喜剧片作了概述。美国音乐片的商业性成功，使欧洲各国纷纷效仿。薛范分析道，与之比较，苏联早期音乐片"往往有个严肃的主题，穿插一些喜剧情节，串联起若干音乐节目"。"音乐成了电影艺术中不可分割的重要组成部分；苏联电影成了推广歌曲最有力的传统工具。"

薛范还着重对音乐片的七种类型、歌曲在电影中的作用进行了阐述分析。他还通过苏美电影音乐不同的完成方式，让读者明白了奥斯卡音乐奖为什么要分"最佳音乐创作奖""最佳配乐奖"和"最佳歌曲奖"。

在短短6000多字的篇幅里，薛范驾轻就熟地把"银幕上的歌曲"70年的主要走向呈现给读者。他编辑的一本本外国歌曲集，是声乐艺术的一座座宝藏，而他精心描绘的探宝导引图，也折射出他的投入、痴迷、视野、格局……

第四节　迟来的友谊勋章

"莫斯科之夜""伏尔加之声"名扬全国，继中央电视台之后，上海电视台"纪录片编辑室"栏目拍摄制作了《薛范的歌》。薛范的经历和成就打动了无数电视观众。

随着《苏联歌曲珍品集1917—1991》和《世界电影经典歌曲500首》的出版，"出土文物"薛范备受瞩目，一项项荣誉也随之而来。

1995年11月27日，《苏联歌曲珍品集1917—1991》新书出版首发仪式举行，北京乐友策划的"苏联歌曲珍品音乐会"，由中国音协爱乐男声合唱团上演于北京音乐厅。音乐会前,薛范经不住乐友们的"怂恿",向库利科娃发出新书首发音乐会邀请函,"如果您本人不能莅临音乐会,希望能委派一位代表出席",薛范附言。

库利科娃接到邀请即致电薛范:罗高寿大使将亲自出席音乐会并致辞!证实自己没有听错后,薛范喜出望外。果不其然,俄罗斯驻华大使、公使、参赞和正在我国访问的俄罗斯政府高级代表团成员出席了音乐会。接过薛范赠送的《苏联歌曲珍品集 1917—1991》,罗高寿大使激情洋溢地用汉语致辞,高度评价薛范40 多年来传播和推广俄苏联歌曲:"这本歌曲集的编者是一位为苏联歌曲的传播和推广做出卓越贡献的著名翻译家薛范同志。这本歌曲集的出版是薛范多年艰苦奋斗的成果。他对于俄罗斯和苏联歌曲怀着深厚的感情,并投入了全部热情。请允许我衷心感谢薛范同志,感谢他多年来为我们两国人民的友谊做出的——我敢这么说——杰出的功绩!"

库利科娃参赞向薛范献上了鲜花。

三天后,俄罗斯驻华大使馆举行招待会,为表彰薛范"在中国推广和传播俄苏歌曲的巨大贡献",俄罗斯联邦政府和俄罗斯国际科学文化合作中心向薛范颁发荣誉证书。

1996 年,他名列伦敦剑桥《国际名人辞典》《国际知识界名人录》《杰出成就名人录》。

1997 年春,薛范风尘仆仆前往杭州、昆明出席了一场歌友会活动、两场俄苏歌曲广场音乐会。回沪不久,第三次来华访问演出的俄军红旗歌舞团,在北京、天津、上海、广州、深圳、成都等地的演出,为俄苏歌曲热又添了一把火。

1997 年 4 月末至 5 月初,俄军红旗歌舞团第三次访华,在北京、天津、上海、广州、深圳、成都等地先后举行了十几场演出,场场爆满。

上海大舞台,一票难求。观众们沉醉于《雪球花》《莫斯科郊外的晚上》等一首首俄苏歌曲,掌声阵阵,百感交集。库利科娃走上舞台,一阵暖风拂过薛范心田:"使这些歌曲在中国大地上获得第二次生命""所有俄罗斯人向您深深鞠躬致敬,感谢您为促进俄中两国人民的相互了解和友谊所付出的坚毅卓绝的劳动"。

演出谢幕时,《莫斯科郊外的晚上》再次响起。应红旗歌舞团邀请,薛范含笑上台与观众见面,并接受歌舞团艺术家献花、拥抱。薛范身着普通夹克,仿佛从车间赶来的工程师。他落落大方,不失庄重。

整整 40 年了,《莫斯科郊外的晚上》被亿万中国人吟唱。那晚,在这首名歌被"中国化"的故乡,红旗歌舞团别致的男声合唱与全场观众的应和,融汇成极其煽情的音响。

"银幕歌曲"造就的佳话,高潮迭起。

这年,俄罗斯联邦总统叶利钦第三次访华。他三天的访问行程安排得满满的,其中有一项:为四位中国艺术家授勋。

十月革命 80 周年纪念日前一周,上海翻译家协会秘书长邵正如陪同薛范抵京。11 月 10 日下午,他俩满怀期待来到俄罗斯驻华大使馆。应约前来的还有中央乐团指挥家李德伦、著名音乐家吴祖强、著名俄罗斯文学翻译家高莽。

直到傍晚,叶利钦总统一行匆匆赶到大使馆。

叶利钦总统与大家见面后,致辞感谢四位中国艺术家对俄中友谊和俄中文化交流做出的卓越功绩,欢迎他们去俄罗斯访问。随后,叶利钦依次亲自为高莽、李德伦、薛范、吴祖强颁授国家级"友谊勋章"和荣誉证书。

授奖仪式现场,除了记者,不允许其他人拍照,但邵正如秘书长例外。他护送轮椅车上的薛范来到叶利钦面前,叶利钦附身低头,把勋章戴在薛范笔挺的咖啡色西装上。

这一幕定格在像片上,它在薛范居室的墙上陪伴了主人 20 多年,目送薛范走向生命终点。

授勋完毕,叶利钦总统举杯再次向四位艺术家表示祝贺。薛范向叶利钦赠送自己编选的《俄罗斯民歌珍品集》,这本刚出版的歌集,是《苏联歌曲珍品集 1917—1991》的姐妹篇,收录了 180 首俄罗斯民歌精品。叶利钦总统大声朗读封面上的俄文书名,他高兴地把歌集交给自己的夫人。十几位中外嘉宾,围着总统与翻译家,分享感人的情景。

"叶利钦头发花白,看上去与普通的俄罗斯老头没什么区别。他很和蔼。"薛范追述道。

十年后,薛范访俄,他专程前往这位平易近人的"俄罗斯老头"的墓地,默哀致意。

第五节　译海歌潮涌

　　1956 年,按照周恩来总理的指示,上海餐饮、服装、洗染、照相、美发等服务行业一批名店,先后迁往北京。在"上海迁京"的行列中,还有一支特殊的队伍——中央人民广播电台广播乐团。一年前,这个乐团被称为"上海人民广播电台广播乐团"。

　　当年 9 月上海广播乐团重建、招聘,瘦高个的小伙子刘文炳被录取,1957 年 8 月进入上海广播乐团。刘文炳唱男高音,他还通过广播电台教唱。当时,电台教唱节目中,"男高音唱的中国歌,绝大部分由我教"。刘文炳提起当年,颇有几分自豪。

　　刘文炳男高音歌唱家的生涯开启了,连同他与薛范长达 60 多年的友谊。他把薛范称作"老朋友",薛范家四壁满是书,曾令他大为惊讶,"薛范弹琴我唱歌,唱《莫斯科郊外的晚上》……"

　　1965 年,第六届上海之春国际音乐节隆重举行。5 月 13 日、14 日,上海市舞蹈学校的大型芭蕾舞剧《白毛女》分别公演于上海音乐厅、解放剧场,演出轰动一时。芭蕾舞剧《白毛女》受到周总理和陈毅副总理等的好评。1967 年 4 月 24 日晚,毛泽东主席在北京首次观看了芭蕾舞剧《白毛女》的演出,称赞:"《白毛女》好。"在这次演出中,独唱即分别由刘文炳和著名女高音歌唱家朱逢博担任。

　　刘文炳 1966 年开始唱"杨白劳",与朱逢博合作多年。

　　"文革"结束后几年,薛范无力添置钢琴。刘文炳说起一个细节:在很长一段时间,他译好一首歌,为了"定调"便打电话给刘文炳,在电话里播放这首歌的录音。"我在钢琴上找好是什么调,然后告诉薛范。薛范没有定音器,钢琴的调是固定的,可找出这首歌的调性。"

　　1963 年,刘文炳与广播乐团女高音章秋珍结为伉俪,他们的女儿刘蕾继承了父母的声乐基因。刘蕾在上海大学读一年级时,上海举办外国流行歌曲演唱比赛,19 岁的她报名参赛。刘蕾以流利的英语、清丽的音色深情演唱《妈妈》,如愿得奖。当时,上海音乐学院教授谭冰若正大力推广通俗歌曲,他多次带着刘蕾等到广州、深圳等地演出,蜚声歌坛。

　　意大利歌曲《妈妈》由施华与薛范译配,刘蕾演唱的另一首成名作《没人要的孩子》,也是薛范很有代表性的译配歌曲。刘蕾歌声的感染力打动了广州太平洋演艺公司,上海、广州争着为这位大学生歌手录制发行第一盘磁带《妈妈——外国流行歌曲》,17首歌均为薛范译配作品。在最痴迷于音乐的日子,刘蕾回家除了吃饭、睡觉、上厕所,她就手捧收音机听歌。刘蕾几年里先后出版个人独唱专辑磁带五盘、合辑十几盘,获全国银盒带奖第一名。

在薛范作品等引发译海歌潮的前奏曲中,刘文炳父女当仁不让地施展着歌唱才华。

刘文炳演唱过薛范译配的很多歌。他不无得意的是,改革开放后,在上海的公开演出中,他第一个唱响《莫斯科郊外的晚上》,虽说那是在一个小剧场。在温州电台,长达一个多小时的专题节目,他接连唱了16首苏联歌曲。而每首歌的介绍词,由薛范亲自拟写。节目开始录制时,刘文炳有点咳嗽。他略感遗憾:可惜不能重录。

薛范信奉:"只有在群众中流传,歌曲才是活的。"

他是译配家,也是歌曲推介的策划师。他策划了一场场音乐会,并参与电视和广播节目。进入网络时代,他在热心歌迷的帮助下学会了电话上网、电脑上网;加入"莫斯科郊外"俄苏歌曲爱好者网上语音室;参加网上音乐会。他的新电脑由天南地北不知姓名的网友们资助、安装调试。

网络是传播世界名歌的便捷渠道。薛范的一次歌曲翻译网上讲座,在听众中催生出一个歌曲翻译组。翻译小组成员在薛范指导下译配了不少各国歌曲,这些歌以视频的形式,配有中外文歌词在网上传唱。

刘文炳一家对薛范的生活体贴入微。女儿刘蕾首次出版盒带时,女主人章秋珍嘱咐出版方:"薛范没工作,稿费开高点。"

薛范六十开外后,家里的楼梯他爬得越来越费力,洗澡也经常成了问题。有时,薛范干脆到邻近的刘家洗澡。

刘蕾1989年1月去美国留学,几年后学成回归上海。叶利钦为薛范颁奖后不久,有一天,刘文炳在家接到薛范来电。

"文炳,我请你们吃饭。"

"有什么好消息?哪位姑娘看中你了?"刘文炳打趣道。

晚餐选在欧阳路上一家饭店进行。刚入座,薛范满面春风地宣布:"我的生活问题解决了!"

原来，对于薛范长期以来没有工作的问题，《解放日报》、新华社都发过内参。薛范获得俄罗斯"友谊勋章"后，1998年春节期间，上海市几位领导：市委副书记龚学平，市委常委、市委宣传部长金炳华，副市长周慕尧前往薛家慰问，祝贺薛范荣获"友谊勋章"。

草婴先生事先打电话"点拨"薛范："你不要再书生气了，你现在的困难都该向领导提，过了这个村就没这个店了，不要不好意思说。"

草婴先生青年时期即以笔为枪，投身反法西斯斗争。这位"抗战老兵"放弃了应有的待遇，而对薛范的境遇十分关心！这天，草婴怕薛范在来访者面前张不开口，他早早来到薛家。

薛范2019年10月26日在《迟到的感激——怀念草婴先生》一文中为我们描述道：

> 领导们献了花表示祝贺，放下了礼品，然后坐下寒暄。草婴先生单刀直入，开门见山就说：薛范是自学成才，他离开学校以后几十年来一直没有工作单位，没有固定收入。现在稿费又低，出书又不容易，根本无法养活自己。他父亲已经去世了，他现在只是依赖母亲的退休工资过着清贫的生活。但他母亲年事已高，百年之后，薛范的生活就成了问题。希望市领导考虑帮忙解决。
>
> 领导们听了连忙表态，说这些情况以前都不知道，要翻译家协会打一份报告上来，这件事一定要设法解决。

刘文炳夫妇与女儿听了薛范的叙述，不由得也喜形于色。薛范余兴未了，又嬉皮笑脸来了段小插曲：领导来访，小区里停了不少车，围观的邻居们低声嘀咕："薛范平时不怎么样，今天为啥这么多市领导。"薛范则笑脸应答：没什么，没什么。

饭局上，又是一阵哄堂大笑。薛范的生活问题，曾牵动多少人的心啊。中央音乐学院一教授退休前，推荐薛范接替自己的工作，但因薛范生活无法自理而作罢；"你总吃阳春面不行"，刘文炳夫妇常劝薛范，薛范则以调侃维持自尊："我没'三高'"……

在"设法解决"过程中，据薛范回忆："南京有两位院士，一个研究考古、一个研究天文的，写信给上海市领导反映我的情况，市领导批了六个字：了解、关心、解决。信转到上海市文联，文联向市作协、音协、翻译家协会了解我的情况。1998 年 12 月 30 日，三个协会的秘书长和市民政局、市财政局、市医保局、市残联、半淞园路街道召开'关于解决薛范同志生活困难会议'，特例特办。财政局拨款，专款专用，每个月给我大概 500 块作为津贴，由作家协会代付，医药费到年底按个人付三、医保报销七。津贴后来增加过几次，上调到每月 1500 元。"

"生活津贴，是叶利钦发给我的。"薛范私下的玩笑常使初闻者"中招"，进而掂量出话外之音。

确实，"友谊勋章"犹如薛范的幸运符。一年内，他先后受聘为中国俄罗斯友好协会全国理事、上海师范大学客座教授，名字和传略入编印度《亚太名人录》。2000 年薛范又入编美国《世界名人录》。

与"出土文物"渐渐走俏相呼应的是，翻译歌曲热从北京、上海向全国蔓延。1999 年 1 月底，中国文联、中国音协、中国译协、北京剧院和《音乐周报》联合举办"译海歌潮——薛范翻译作品系列音乐会"。10 月 8 日，为祝贺中俄建交 50 周年，由薛范策划并担任顾问的"友谊地久天长"俄苏歌曲专场音乐会，在北京国家图书馆举行，中国人民对外友好协会会长陈昊苏、俄罗斯驻华大使馆官员出席了音乐会。而之前几天，薛范分别荣获中俄两国政府授予的"中俄（俄中）友谊"纪念奖章及荣誉证书。

据《人民音乐》杂志 1999 年第 3 期报道，薛范致力于外国歌曲翻译介绍和研究工作已有整整 45 个年头，译配发表的歌曲约有 1800 首，其中许多作品尤其是苏联歌曲影响了几代人。1 月 29 日、30 日、31 日，在北京剧院，中国交响乐团合唱团、中央歌剧舞剧院、名声显赫的"八只眼"男声四重唱组分别担纲合唱专场、独唱、重唱专场，轻歌曲专场。北京 5 个业余合唱团：卡林卡、哈军工、音海、星光和春之声联合友情献演。"这是我国第一次为一位翻译家举办的音乐会"。

共有 4 台节目的"译海歌潮"系列音乐会，让观众和歌者陶醉于薛范译配的近百首亚、非、欧、美各国脍炙人口的歌曲。参演的歌唱演员近 350 人，秋里、胡德风、吴灵芬、左文龙等担任指挥。

薛范以翻译家、音乐家的双重身份，再次应邀担任系列音乐会顾问、艺术指导。在鲜花、歌声、掌声、欢呼声中，他万众瞩目，光彩照人。

此刻，鲜为人知的是，为了"译海歌潮"系列音乐会，他没能在母亲生命的最后一刻相伴相守。

第七章

访俄之旅

现在中国歌曲也面临着和你们差不多的情况。我们的歌曲受西方影响也不算小。现在由于去年有一个"俄罗斯年"，今年有一个"中国年"，开始重视起来了。我们现在有些流行歌手模仿俄罗斯歌曲的音调写了几首歌曲，非常受欢迎。这说明我们的年轻人还是能接受俄罗斯歌曲的。

——薛范

第一节　红颜知己

薛范母亲黄灏，古稀之年从住了大半辈子的老屋随子南迁，这个让她吃遍苦、伤透心的儿子虽年过半百，但似乎仍是母亲难分难离的心头肉。

有母亲遮风挡雨、辛勤操劳，薛范犹如多了根支撑心灵和躯体的拐杖。

母子俩又相依为命、共享甘苦了七八年，年迈的母亲终于病体难支。

1998 年底，"译海歌潮"系列音乐会排练紧张，薛范在北京接到母亲去世的噩耗。哀伤过后，一阵悲凉又向他袭来："接下来要轮到我了……"

薛范看似奇异的念头，被悲痛、依恋、对自然规律的感叹所涵盖。

黄灏安心地走了，她知道儿子不会孤单——她健康状况江河日下时，身边有了位细心照料的女子张品芹……姑娘俊俏、温柔，是儿子薛范的学生、朋友。

薛范与品芹，一对患难与共的朋友、师生。

薛范译配要查找资料、手头忙不过来时，请音乐学院的朋友助力，于是品芹常常骑车送资料。有一次，薛范夸奖："你很能干！但为什么骑车呢？"品芹朴实的回答让薛范无言以对："节约呀。乘车费钱！"

按薛范事先约定，品芹没有工资。品芹能理解、接受：薛老师自己都没有工资!

在薛老师身边,可以学到很多东西,品芹心满意足。

薛范只有津贴和断断续续的稿费。每项开支,都被记入账本,"看看一个月花费多少"。薛范过日子就像译词配歌,明细精准。

薛范的心灵手巧,令品芹十分钦佩。买菜、做饭、裁衣、修补轮胎,他样样拿得起。天花板渗水了,两人买来涂料"捉漏"。

苦日子熬了几年,新世纪初澳门每年举办国际音乐节,老友殷立民特意请薛范翻译资料、译配歌曲。薛范译好一部分,品芹打字、把一段段歌词精准地粘贴到五线谱上。合唱曲各声部歌词不同,不容有丝毫差错,每天打字、贴几页,再由薛范校对。张品芹"眼睛都快看坏了"。

硬拼非长久之策。于是,打字的任务交给文印店,薛范亲自教店里的打字员打谱。目睹薛范每天手摇轮椅车,去马当路自忠路口的文印店,有位姓陆的老板,专门为薛范开发了一种打谱软件。

一连为六七届澳门国际音乐节翻译,享受境外较高的稿费,薛范的"财政"有了盈余……

自己的新书出版后,薛范郑重其事为品芹题词相赠。他把默默陪伴、含辛茹苦的品芹视为红颜知己。

几年后,上海翻译家协会举行成立 20 周年庆祝活动,薛范的新书发布会人气旺盛。在市委宣传部领导等各方关心下,薛范的津贴改由文化基金会拨付,每月增加到 3000 元。不定期的讲座,也给薛范带来些许收入。

但薛范出手仍不容马虎,就拿看病来说,他尽可能选择区级医院,因为病人自费部分相对要少。三甲医院,能绕则绕。妈妈用过的木盆,发霉了,处理一下,继续用来盛米……

清苦的日子,快乐没有节俭。他俩一同去北京等地参加活动,音乐和歌曲是欢快的源泉。品芹加入上海翻译家协会后,她的姓名,被自己译配歌曲处女作《蓝尾巴苍蝇》的署名"禾青"渐渐"取代"。为让孩子们轻松愉快学习英语,并开阔视野、陶冶情操,薛范、禾青所编《雪绒花——快乐少儿英语歌曲精选》,2005 年 7 月由上海译文出版社出版。歌集收入 38 首英语国家优秀少年儿童歌曲,还附有 CD。

你摇动轮椅,我脚踏单车,渡江、向东,世纪公园的一草一木和两人的欢声笑语,至今令禾青回味无穷。只是轮椅上的他已飘然西行,她不禁黯然神伤。

第二节　你好,谢多伊

中午时分,飞往莫斯科的银燕终于在轰鸣声中腾空而起。薛范期待已久的俄罗斯之旅启航了,他舒坦地背靠航空座椅,扣好安全带,浑身松弛。年轻俊俏的空姐动作优雅地端上咖啡,薛范却合上沉沉的眼皮,梦游于心驰神往的远方。

他确实累了,虽说习惯了"昼伏夜行",但昨晚北京乐友为他和邵正如、禾青、鲁向东等10多位同行者举办饯行"派对",大家在基辅罗斯餐厅用餐,沉醉于一首首俄罗斯歌曲,尽情狂欢到深夜。

73岁的薛范,生命中超过三分之二的年头系于译配俄苏及各国歌曲,但他却还是第一次出访俄罗斯。就连他"真正接触"俄罗斯人,也年已五十开外。

中国的俄文翻译家,不少都经历过类似漫长的期待,何况薛范又行动不便。

发动机运行的噪声有点烦人,机舱里的浅睡时断时续。这单调乏味的声响,有效地抑制着兴奋的神经。

捱了八九个小时,在莫斯科机场出关,用过晚餐,薛范与大家登上列车。又经过一个通宵,当地时间清晨,他们终于融入圣彼得堡的曙色。

薛范的"圆梦之旅",从2007年6月21日"白昼节"揭开序幕。

到宾馆匆匆安顿行李、吃早餐,他们急不可耐乘坐旅游大巴向青铜骑士雕像进发。

车窗外,涅瓦大街的一草一木是那样地亲切,薛范十分投入地观赏着,心底升腾起一股故地重游之感。

耳边,传来一位女旅友方怡的询问:薛范先生,此刻您有什么感想?

薛范置若罔闻。他不愿中断梦境般的回味,他选择了默不作声。

旅游大巴向西驶向涅瓦河畔,驶近青铜骑士。突然,薛范眼前出现一张熟悉的脸庞,"谢多伊!"他喊道。旅友们闻声也纷纷侧身观望。

一幅大型广告牌上,《莫斯科郊外的晚上》的谱曲者索洛维约夫-谢多伊以绅士微笑,似乎在欢迎他作品的译配和传播者们来访!

谢多伊一晃而过,这"圆梦之旅"序幕堪称天合之作。

圣彼得堡,俄罗斯的威尼斯,历史名城。"十二月党人广场"中央,叶卡捷琳娜二世为纪念彼得大帝建造的青铜骑士雕像,向人们昭示"面向西方的窗口"——圣彼得堡的由来。

大家下了车,在矗立了两个多世纪、5米高的铜像下欣赏,留影。

受惊的战马昂首嘶鸣、前蹄高扬。马背上,彼得大帝镇定霸气。巨大的花岗岩底座四周,绿植、花卉环绕。

薛范在《久违了,我魂萦梦牵的俄罗斯》[《薛范60年音乐文论选(下册)》]一文中,对青铜骑士的观感有段精彩描写:

> 我首先注意到了,青铜马的后蹄正踩着了地上的一条大蛇——这是图片上看不清的。骏马可能因此受了惊,前腿腾空跃起,张着嘴似乎在嘶鸣。彼得大帝左手拽着缰绳,右臂抬起以应对这突然的失衡。他纹丝不动稳坐在马上,眼望前方。青铜马的马尾又和地上扭动着的巨蛇浇铸在一起,支撑着整体塑像重心的平衡。我们无论从哪个角度观赏,这座透发着阳刚之美、充满着动态感的凝固的青铜塑像,绝对是世界上一件无与伦比的艺术雕塑品。

赞叹的同时,薛范不禁默诵起普希金《青铜骑士》的诗句。

鲁向东为薛范、邵正如、禾青等留下合影后,薛范很快与他们几人悄悄离开。他要去拜访谢多伊。

拐过个弯,他们与谢多伊又相见。广告牌,原来是纪念谢多伊诞辰100周年而举办"索洛维约夫-谢多伊音乐之夜"的海报。

薛范理了理淡色的夹克衫,他端端正正坐在轮椅上。邂逅于圣彼得堡街头的两位歌王,被定格在镜头中。

对薛范而言,能在圣彼得堡街头同谢多伊亲切"会见",似乎比参观下一个景点"阿芙乐尔"号巡洋舰更值得高兴。虽然人们已普遍把"阿芙乐尔"与"十月革命一声炮响"紧紧相连,但长期以来特别是苏联解体后有关"炮响"的争议,使薛范对"学究式"的解析大为不满!

谢多伊的《莫斯科郊外的晚上》《海港之夜》《共青团员之歌》等歌曲在中国赢得了无数粉丝。2006年,《莫斯科郊外的晚上》诞生50周年。在薛范和此行旅友们的策划、参与下,国内几个网站推出有奖征文、网上音乐晚会等纪念活动。

薛范在晚会作主题发言中,点出了意义所在:我们不仅仅是纪念一首歌曲的诞生,更是纪念一份执着的爱、一份永存的温馨、一方纯美的境界、一种美好的向往、一个不变的信念,以及我们心中割舍不了的俄罗斯情缘。

"圆梦之旅"成行前一个多月,又在新浪网的"莫斯科郊外"语音室,全国各地的俄苏歌曲爱好者通过网络相聚高歌,纪念谢多伊诞辰100周年。薛范向大家介绍了谢多伊的生平、作品及其现实意义。

为了表达对谢多伊的敬意,瞻仰故居被列入"圆梦之旅"次日下午的观光活动。在网上联系到的谢多伊一位邻居叶甫根尼的引导下,大家顺利进入故居所在公寓。不无遗憾的是,楼上谢多伊曾工作生活了近30年,直至1979年去世的居室,却闭门谢客。

晚餐后,薛范等几位满怀期望来到宫殿剧院,观看芭蕾舞剧《天鹅湖》。宫殿剧院置身于一座有200多年历史的建筑,只有一二百个座位,规模、名气与马林斯基剧院、国家音乐喜剧剧院、亚历山大剧院、维拉·特雷弗洛娃国立戏剧芭蕾舞剧院等不可同日而语。

演出开始了,乐池里没有乐队。播放器传出的音乐,显然是录音。上世纪50年代,薛范多次观摩过来华访问的苏联一流芭蕾舞剧团的演出。对宫殿剧院的这场《天鹅湖》,心直口快的薛范很失望:差强人意。

散场时,已十点,薛范仍意犹未尽。神奇的他乡异国,每幢建筑、每个音符,恰似刺激大脑中枢最有效的兴奋剂。上午,冬宫、埃尔米塔什博物馆、皇宫广场;下午,谢多伊故居、以撒基辅大教堂……圣彼得堡的历史、文化大餐太丰盛了!埃尔米塔什博物馆,建于昔日沙皇的冬宫,珍藏着二三百万件文物、艺术品。400多个展厅轮流展出其中一小部分。"如果要观赏全部藏品,需耗用20多年。"薛范的介绍引起一阵惊叹。一幅幅油画、一尊尊雕塑组成了美轮美奂的美术编年史。富丽堂皇的宫殿与巧夺天工的珍宝堪称绝配,让人流连忘返。但是令薛范不安的是,面对展厅间起起伏伏的阶梯,他只有靠旅友们连人带车抬着上上下下。从博物馆出来,冬宫广场上高耸入云的亚历山大纪念柱才使他如释重负,又一次重温起普希金的诗歌《纪念碑》。

……

剧场外,天空仍像黄昏前那样明亮。高纬度地区夏季白夜的奇观,使圣彼得堡每年吸引世界各地游客前来领略"日不落"景象。薛范毫无睡意,在导游唐汉带领下,他们驱车赶往涅瓦河畔,与没看演出的旅友会合。

第三节　拉多伽湖之歌

涅瓦河堤岸,不眠之夜。凉爽的晚风,送来热烈奔放的手风琴声,一队队假期中的少男少女欢畅起舞。

白夜,虽非烈日悬空,但凌晨当街读书阅报,无须掌灯。薛范和大家穿上了毛衣,仍感寒意难御。守候到半夜两点,连接涅瓦河两岸的道道彩虹万众瞩目:开了! 开了! 只见桥面上升、分断……一艘艘大型船舶鸣笛徐行。

一天最后一项观光节目落幕了,旅友们也闹腾得疲惫了,巴士载着返回宾馆,大家一上车就打起瞌睡。薛范却瞪大双眼,注视窗外。

冬宫广场到了,薛范突然瞥见几条高高悬挂的红帆! 明天不正是"红帆节"?他猛然醒悟,继而怅然若失:明晚,我们将告别圣彼得堡。

红帆激活了他的红领巾记忆。薛范在《久违了,我魂萦梦牵的俄罗斯》中作了一番精心描述。"红帆节"是中学毕业生的狂欢节,是圣彼得堡独有的节日。白夜期间,毕业典礼后,毕业生们成群结队去涅瓦河畔游逛,以狂欢的方式在浪漫的白夜告别少年时代,在黎明来临之际踏上人生新的旅程,自信地走向成年。这样的自发活动后来逐渐形成一种传统。1968 年,列宁格勒市府出面举办了第一次全市中学毕业生庆典活动,以后年年在白夜期间的周末举办,这个节日被称为"红帆节"。

"红帆"这一富有诗意的名字,取自于苏联作家阿列克桑德尔·格林 1923 年的同名中篇小说,这是一个童话式的爱情传奇……1955 年,小说《红帆》还被搬上了银幕。我国也曾译制上映。

中学毕业日之所以取名"红帆",我想可能是因为这个故事饱含着对未来生活的向往、对年轻心灵的关爱、对理想必定实现的信念。源于此,"红帆"也就成了一切美好事物的象征。在现代俄语中,它也是幸福和希望的同义词。

……

苏联解体后,"红帆节"一度停办,直到 2005 年才重新恢复。如今,它已作为圣彼得堡每年的传统节日,与"白夜""开桥"一起成为圣彼得堡盛夏旅游最具观赏价值的特殊文化符号。

……

"红帆节"当天,涅瓦河畔人山人海,大街上水泄不通,年轻人纵情狂欢。成千上万的中学生挤满了冬宫和沿岸街。庆祝活动分别是在陆上和水上进行。陆上活动集中在冬宫广场和瓦西里岛长滩。不久前还是车流如织的冬宫桥上已经变成了"步行者天堂",桥舷两旁挂着印有"红帆"的宣传画,远处望去,整座桥仿佛就是一艘巨大的"红帆船"。

节日现场音乐激昂、礼花齐放,欢呼声雷鸣般回荡在城市上空。当烟雾散去、音乐声渐息时,一艘三桅大船挂着鲜红的风帆,悬挂着俄罗斯国旗,缓缓驶入人们的视线,将"红帆"活动推向高潮。

冬宫广场上的红帆一晃而过,薛范如梦如幻、自言自语:"哦,浪漫的节日!浪漫的年代!浪漫的青春!浪漫的回味!"

经过几小时短暂休息,"圆梦团"又出现在斯莫尔尼宫。

"同志们!我们布尔什维克的同志们!一向所说必须要进行的这个工农革命,实现啦!"列宁在斯莫尔尼宫的这段演讲,大多数中老年国人观看苏联电影《列宁在十月》《列宁在一九一八》时印象深刻,他们也因此对十月革命的指挥

访俄"圆梦团"合影

部——斯莫尔尼宫有了最初的了解，薛范也不例外。走进斯莫尔尼宫，薛范才明白：原来斯莫尔尼宫包含了一个建筑群。电影中列宁演讲地点系斯莫尔尼宫会议大厅。

蓝白相间、融合巴洛克和拜占庭风格的斯莫尔尼宫主楼，是圣彼得堡市政府办公楼。星期六，不办公，值班人员听唐汉介绍了"圆梦团"，铁门开启。于是，大家喜出望外进入花园，迎着大楼前列宁雕像而去……

在宫殿、博物馆、剧院、名人故居、图书馆众多的圣彼得堡，普希金城无疑也是来访者有限的选项之一。普希金城位于彼得堡以南约30公里，18世纪初由庄园扩建叶卡捷琳娜宫而成皇村，亚历山大宫使世界园林艺术中这颗明珠璀璨无比。皇村中学记录了普希金的青春时光，1937年诗人逝世百年之际，皇村改称普希金城。薛范对叶卡捷琳娜宫的诸多奢华大厅"望而却步"，若非万不得已，他不愿给人添一分累赘。普希金城各种风格的园艺如同快乐的迷宫，流连于普希金雕像，薛范沉思良久。纳粹军队在普希金城的暴行一幕幕浮现；少年普希金考场朗诵《皇村回忆》。

二战胜利广场纪念馆、纪念碑，"圆梦团"在圣彼得堡参观的最后一站。苏联卫国战争期间，列宁格勒（圣彼得堡）被围困900天，城市东北部的运输生命线——欧洲最大的湖泊拉多伽湖三面受敌，虽几经易手，最终与这座城市一样令德军绝望。在纪念世界反法西斯战争胜利60周年之际，薛范译介的歌曲《拉多伽湖》，当年由三位苏军运输兵创作，在苏欧广为流传。

游伴们正在纪念馆地下展厅参观，薛范独自坐在露天环形大厅。望着厚厚的云层、高高的石壁，他的心猛地一沉：900天哪！怎么熬过来的？这是什么样的民族啊！这是什么样的精神！

第四节 "新圣女"向导

"红帆节"即将开幕，开赴莫斯科的列车进站了。薛范上车依依不舍，鲁向东轻舒了一口气。

鲁向东结识薛范才五年，那是在他到上海创业不久。

这位小伙子高大、稳重，曾留学俄罗斯，孩提时代就听过《莫斯科郊外的晚上》。2002年，他在上海淮海路成都路口的洛希亚餐厅第一次遇见薛老师。也正是在这年,鲁向东拉起一支三四十人的队伍,创建了上海俄语爱好者联谊会。

薛范慕名找到这家俄罗斯田园餐厅,欣赏俄罗斯、乌克兰功勋演员演唱俄苏歌曲。鲁向东与"随和"的薛范一见如故。

"圆梦之旅",俄方正式邀请的名额是四位。薛范把三个名额"分配"给了邵正如,上海翻译家协会领导;上海俄语爱好者联谊会会长鲁向东;禾青。

短短几年,禾青与薛范在事业上的合作成果颇丰。出访前半年,他俩编译的《世界少儿合唱珍品集》问世。60多万字、500多页一大本,203首世界各国从巴洛克时期到近现代原版少儿合唱曲,其中约70%由薛范、禾青分别译配。这些合唱曲既有世界和平、民族友谊的大题材,又有身边的小鸭、小狗、土豆等作品;风格和样式丰富多彩:颂歌、进行曲、舞曲、传统民歌、童谣、摇篮曲、艺术歌曲、诙谐曲、流行歌曲、爵士歌曲。"珍品集"的出版对缓解国内少儿合唱曲目贫乏、狭隘的状况跨出了一大步。

"到站了,到站了!"莫斯科到了,车厢内旅客走得差不多了,"圆梦团"被叫醒。他们太疲倦了,而俄方工作人员已在车厢外迎接。

出站,一次次努力才促成薛范访俄的库利科娃随即也赶到相迎,她俯身与薛范热情拥抱。

经过一个晚上养精蓄锐,大家又精神抖擞,迫不及待赶往新圣女公墓。

作为欧洲三大公墓之一,具有近500年历史的新圣女公墓,19世纪末拓展后成为2.6万名俄苏各历史时期名人的长眠之地。对于了解俄苏历史、喜爱俄苏文化艺术的游客,新圣女公墓是独特的观瞻窗口和纪念长廊。

库利科娃和俄中友协两位工作人员陪同薛范、邵正如、禾青、鲁向东首先来到奥斯特洛夫斯基、卓娅墓前。细心的主人还准备了鲜花。

奥斯特洛夫斯基、卓娅,每位中国游客对他俩都有切身的感受,薛范尤甚。

奥斯特洛夫斯基与《钢铁是怎样炼成的》、保尔·柯察金,薛范人生道路最初的明灯。学生时期老师的激励;高考中榜却因身残被拒收,他向招生部门申诉,招生委、团市委分别派员鼓励,他收到两本《钢铁是怎样炼成的》;观看苏联彩色影片《保尔·柯察金》,他把剧照、说明书等资料悉心收藏。

手捧鲜花,凝视着墓碑上方奥斯特洛夫斯基侧身半躺、昂首远眺的浮雕,薛范默默表白:我一生没有为虚度年华而悔恨,也没有因碌碌无为而羞愧。

祭奠了两位英雄,四位客人开始"自由行动"。邵正如、鲁向东手持相机,身穿连衣裙的禾青推着轮椅上的向导缓缓而行。

薛范曾撰写了 30 多篇文章,分别介绍了新圣女公墓几十位墓主的生平及瞻仰随想。我们也得以感受俄苏历史文化名人对薛范成长、事业的影响,体悟"新圣女回眸"中他的苍劲旁白。

马雅可夫斯基,苏联早期诗人。他阶梯式排列的战斗性诗句,曾着实点燃了广大中国读者的激情。

"刀刻斧削的脸廓,横眉冷对的神态",这尊青铜头像被薛范一眼认出:马雅可夫斯基。头像后面一整块赭红色墓碑,在"新圣女"似乎也绝无仅有。然而,被斯大林称为"苏维埃时代最优秀、最有才华的诗人"的马雅可夫斯基,37 岁时却用枪自我了断。薛范望着墓碑心想:如果他没有自杀,目睹苏联解体,他还会怎样歌唱?怎样赞美祖国?我们从薛范的思绪中品出了对世事沧桑的几多无奈,这样的问号是否也缠绕过薛范?当然,他找到了自己的答案。

法捷耶夫笔下的"青年近卫军",是青年薛范的偶像之一。小说《青年近卫军》被改编为歌剧,上海人民广播电台曾邀薛范做过专题广播讲座。薛范还曾想翻译《青年近卫军》的话剧剧本。在法捷耶夫墓地,青年英雄塑像陪伴他——1956 年因理想和信仰破灭而自杀的苏联文艺总管。青年偶像英姿飒爽,暮年薛范不吝赞美:"他们是真实的英雄。留在我们心里的也依旧是有血有肉、虎虎有生气的一群有理想、有信念、有担当的年轻人!"

男低音歌王夏里亚宾,俄罗斯具有世界声誉的艺术家。苏维埃社会主义联盟建立这年,他获准出国演出。由于种种原因,夏里亚宾一直没能回到祖国。1984 年,他的遗骸才由巴黎迁葬"新圣女"。他神情优雅的白色大理石全身塑像,如同他的歌声潇洒迷人。薛范耳边似乎响起"小鸟的歌唱和绿叶的絮语"。伏尔加河波涛翻滚,齐心协力的船夫坚韧不拔。薛范仿佛在轻轻告慰:"是非和纷争,荣辱和悲欢,随着时光的流逝,一切都变得不那么重要了。永存人间的是不灭的艺术之光。"

"我们刚从一条小道拐个弯,库利科娃向一尊白色塑像指了一下,我就叫了出来:杜纳耶夫斯基!"薛范心亮眼明。

杜纳耶夫斯基是他情有独钟的音乐家。他 50 多年前的译配处女作《春天进行曲》,正是杜纳耶夫斯基谱的曲。1958 年,风头正旺的薛范与和田中学语文教师曹永声合作,编译出版了《杜那耶夫斯基歌曲集》。新歌集面市,薛范不失时机撰写了电台广播稿《杜那耶夫斯基和他的歌曲》,向听众介绍杜纳耶夫斯基的15首作品。多少年来,许许多多歌迷把《红莓花儿开》的译配也误加到薛范账上。

苏联解体后,卓娅等英雄被泼污水,杜纳耶夫斯基也被人挂上"吹鼓手"的骂名。薛范以自己的分析为卓娅辩护,他也为杜纳耶夫斯基鸣冤:"如果我们不存偏见的话,不妨静心想想:他的音乐究竟'鼓吹'什么啦? 其实,无论哪个社会,它要生存发展,必定寄希望于健康向上的精气神。从这个意义上来说,杜纳耶夫斯基的音乐永远不会过时。"

"圆梦团"出发前两个月,76岁的叶利钦去世。尽管他的墓还在建造,但薛范仍与大家前往凭吊,对他重视发展中俄关系、关心中俄文化交流致意。薛范回忆道,十年前,叶利钦为他佩戴勋章时,薛范瞧见叶利钦的左手只有三个手指。"他小时候因玩手榴弹被炸掉两根手指,这传说也许并非虚言。他的眼睛看上去和电视里不一样,一点也不凶。他头发花白,同普通的俄罗斯老头没什么区别,看上去非常和蔼。"

新圣女公墓总面积不到120亩。一批批俄罗斯精英安息在长长的墓墙上。

在俄罗斯人民的精神家园,薛范寻访着一位位从歌声、银幕、小说、戏剧、舞蹈中相识的大明星、老朋友。

第五节　宾至如归

从红场回到宾馆,薛范心神不定。

来到莫斯科已三天。新圣女公墓,卫国战争纪念馆,胜利广场,列宁山,奥斯特洛夫斯基人文中心,列宁墓,红场无名烈士墓,行程表上的"规定项目"名不虚传! 更有意外的惊喜:第二天上午,在俄罗斯国立社会大学拜会俄中友协第一副主席茹科夫院士,茹科夫代表俄方授予薛范"尼·奥斯特洛夫斯基金质奖章"。薛范是获得该奖章的第一位中国人,但事先俄方秘而不宣。

美中不足的是,薛范还有个"千载难逢"的良机没用够。那天瞻仰了新圣女公墓,午餐后直奔音像市场。巧妇难为无米之炊,薛范早定下了"千元美金"预算,准备在俄罗斯采购音乐图书、CD、盒带等资料。正当他如饥似渴地捕获一份份猎物时,忽然得知库利科娃守在柜台前,不容置疑地等待买单。知书达理的中国客人不得不把挑选好的货品悄悄放回原处,只象征性地保留几份。库利科娃好心帮倒忙,薛范壮志难酬哭笑不得。

透过宾馆窗户,库利科娃的身影终于离去。薛范果断挥了挥手:去书店!

已是下午四点多,天快黑了。邵正如、鲁向东、禾青陪着薛范"擅自"外出了。偏偏交通拥堵,车辆走走停停,赶到书店六点多,工作人员正准备关门。这家店规模很大,薛范兴奋不已,他不仅搜到了一批 CD、DVD,还淘到不少歌谱。采购完毕,七点已过,四人坐在店外地铁边上,薛范如获至宝:"这些歌有的听到过,但没歌谱……"

饥肠辘辘,刚才还"挥金如土"的四人,只是买来面包和水充饥解渴。

新的一天开始了,体贴入微的库利科娃要带大家游览一处神秘之地。薛范以《莫斯科郊外的晚上》出名,他理应去欣赏欣赏"郊外"风光。

汽车在林海中穿越了两小时,最后驶入一个山村——列宁哥尔克村。列宁去世前几年,曾在莫斯科郊外的这个村庄休养。哥尔克村保留着"列宁别墅",建有列宁纪念堂。灿烂的阳光照耀着幽静的山村,丰盛的草木散发着淡淡的清香。库利科娃与大家来到鸟鸣啾啾的森林,薛范对陌生的植物世界来了兴趣,"这是白桦和垂柳。橡树什么模样? 花楸树、雪球花呢?"

莫斯科郊外令人神往,虽然没有朦胧的夜色,没有面对心上人欲说还休的羞涩。薛范依然对四处静悄悄的深夜花园、有情人默默相望的"郊外"一往情深,但离不开歌声的他忽然感到几分迷惑:我们生活在各种噪声里,习以为常。如果搬到"莫斯科郊外"居住,日子一久,还会觉得这样死寂的夜晚很浪漫吗?

"圆梦团"访俄的日子只剩两天了。

特瑞佳柯夫美术馆 160 多年来收藏了俄苏时期大量绘画杰作,在琳琅满目的展品中,中国游客对列宾、列维坦等大师的作品,对普希金、陀思妥耶夫斯基、托尔斯泰、契诃夫、屠格涅夫、格林卡、柴科夫斯基等大文豪、音乐家的肖像画,往往感到特别亲切。《索菲亚公主在新圣女修道院》,列宾的这幅油画使薛范领教了被囚禁的索菲亚公主头发蓬乱、骄横无奈的落魄模样。

尽情享受俄罗斯绘画艺术的魅力,何等美妙! 但薛范和大家不得不浅尝辄止,因为下午的活动他向往已久,非同小可——造访俄罗斯作曲家协会。

午后,华裔俄罗斯作曲家左观贞前来迎接。

在库利科娃陪同下,薛范由鲁向东背着上了电梯,俄罗斯作曲家协会会议室里,薛范首先看到的,是坐在最里面的一位女士。她也疾步迎上前来,巴赫慕托娃。47年前,薛范译介了巴赫慕托娃的成名作——电影插曲《歌唱动荡的青春》,这是她的歌曲第一次被介绍到中国。相隔20多年后,薛范重操旧业后翻译的第一首苏联歌曲,恰巧也是这位歌曲大师的《幸福鸟》。巴赫慕托娃曾给薛范寄来一些音乐资料,并十分友好地写下一段文字:"衷心祝愿伟大的、勤劳的、富有诗人风貌的中国人民取得新的辉煌成就,世人将为此由衷地感到欣喜,并引以为傲!"

俄罗斯作曲家协会主席和几位理事起身欢迎,其中有巴赫慕托娃的丈夫,他是诗人。

在俄罗斯作曲家协会会议室,与巴赫慕托娃夫妇合影

双方落座,左观贞把《莫斯科郊外的晚上——薛范50年翻译歌曲精选》一书,呈给各位。

由相关的音像、文字资料,较完整地记录了会晤过程。

"我们的协会创始人肖斯塔柯维奇于上世纪60年代建立了协会,他也是第一任主席。"卡泽宁主席首先介绍道,"我们非常高兴这次等待已久的聚会。"参加会见的除了俄中友协常务副主席库利科娃,多布朗拉沃夫、巴赫慕托娃夫妇,卡泽宁还请到了俄罗斯鞑靼共和国、高尔基城作曲家协会两位主席,以及奥斯特洛夫斯基博物馆馆长等。

卡泽宁再次对中国客人表示欢迎后，库利科娃把薛范等介绍给同事："这位是薛范先生，今年74岁高龄。他一辈子都是在译介俄苏歌曲……他翻译的第一首歌是《和平战士之歌》。他也是第一位翻译了《莫斯科郊外的晚上》的人。现在中国到处传唱的《莫斯科郊外的晚上》就是他翻译的。我认识他很久了。我当时在大使馆工作。我一生为了俄中友好尽心尽力。我有很多中国的朋友，但是这位朋友是让我引以为骄傲的。""我当时是这么想的：一个翻译了50多年俄苏歌曲的人，一直没有机会来到俄罗斯，是一件多么遗憾的事，所以今年我们经过了多方的努力，终于实现了他的愿望。这位是他的助理禾青，是位教师。这一位是上海翻译家协会的秘书长邵正如。还有这位年轻有为的鲁向东先生，建立了'你好俄罗斯'网站，在网络上经常介绍我们的文化……"

会议室墙上，悬挂着肖斯塔科维奇等音乐家的相框。大家坐在窄长的会议桌两边，空间虽不宽敞，倒也更显得亲切。

薛范告诉俄罗斯朋友："我是50年代开始学习俄语的，当时没有条件、没有很好的语言环境，也从来没有接触过俄罗斯人，所以我的口语能力很差，无法和各位直接交流。只能仰仗伽丽娜和左观贞先生为我翻译。我们这次来俄罗斯有两个目的：第一，拜访卫国战争纪念馆，向无名战士墓献花，向在卫国战争期间做出伟大贡献的苏联人民致敬；第二个目的，我们一定要千方百计找到我们心中敬爱的巴赫慕托娃同志……"

巴赫慕托娃由衷感谢薛范为俄罗斯歌曲所做的一切，"投入了那么多的精力让这些歌曲传遍中国"。"我们的老歌曲，现在不光是老一辈的人们在唱，很多年轻人也喜欢"。巴赫慕托娃把她新出版的歌曲集和唱片赠送给薛范，多布朗拉沃夫也赠送了他个人的诗集。

卡泽宁向薛范赠送了为纪念协会成立40周年而制作的三张专辑唱片，其中卫国战争的歌曲占了两张。"正如巴赫慕托娃说的那样：我们的歌曲还活着，还会延续着它的历史。前不久我们举行了纪念索洛维约夫-谢多伊诞辰100周年的音乐会演出。"卡泽宁又双手捧起专为纪念谢多伊诞辰100周年出版的歌曲集和唱片，赠予薛范。

说起歌曲，薛范谈兴愈浓："我介绍过的苏联作曲家，早期的有查哈罗夫、杜纳耶夫斯基、布朗介尔、博戈斯洛夫斯基、莫克罗乌索夫、弗拉德庚、弗伦凯尔、索洛维约夫-谢多伊,等等。过去我是把苏联作曲家的歌曲翻译成中文,后来举办音乐会,把这些歌曲用中文演出,再后来通过电视和广播,现在又通过网络在传播。现在中国有个网站叫'莫斯科郊外'俄苏歌曲爱好者语音室,这次有一个代表团和我一起来到俄罗斯。我们在网络上举行过苏联卫国战争胜利60周年的纪念音乐会,还举行过歌曲《莫斯科郊外的晚上》诞生50周年的纪念音乐会,不久前还举办了索洛维约夫-谢多伊诞辰100周年纪念音乐会。而现在,我们正在筹备巴赫慕托娃作品的网络音乐会。我们在圣彼得堡特地去拜访了索洛维约夫-谢多伊的故居,我带来了索洛维约夫-谢多伊歌曲的中文译本,留赠给他的故居。今天,我还特地带来了我们翻译的各个时代俄苏歌曲的中文译本,还有巴赫慕托娃歌曲的中文译本,赠送给各位。"

……

会见结束前,薛范提出个要求:"我现在最大的愿望,是到你们音乐家协会乐谱资料库去看看。"合影留念、辞别。左观贞引导薛范一行来到另一栋楼内的资料库……

在库利科娃和左贞观陪同下,来到俄罗斯作曲家协会乐谱资料库

晚上,莫斯科"老北京饭店"宴会厅喜气洋洋。当地华人联合总会、莫斯科中俄文化交流中心为"圆梦团"举行"迎送会"。15位"圆梦团"成员也来了,他们当晚将回国。

莫斯科中俄文化交流中心和俄中友好协会,是薛范梦想成真的积极促成者。薛范等游览莫斯科郊外这天,文化交流中心总经理李宗伦亲自驾车陪同。

宾主致辞敬酒,美言盛情。与会的库利科娃又一次盛赞薛范:"薛范为俄中两国文化交流做出了巨大贡献,俄苏大众歌曲借助他出色的译文在中国获得了新的生命,他是中国的英雄,是中国的奥斯特洛夫斯基。"

6月29日上午,俄中友协为薛范饯行。薛范胸前挂上了十年间俄方授予的三枚勋章和奖章。俄中友协内的布置,让薛范等宾至如归:万里长城图、中国结、孔子塑像,还有墙上的扇面、彩灯、陶瓷、泥人……

俄罗斯前驻华大使罗高寿专程从疗养地赶回莫斯科,为薛范等送行。薛范又惊又喜,尤为感动。握手寒暄,薛范问:"还记得我们第一次见面吗?"罗高寿言简意赅:"清清楚楚记得。"

薛范在发言中提及他参观卫国战争纪念馆、纪念碑,"不记得是哪位哲学家说过这样的话:'一个不忘记自己历史的民族,是个有出息、有希望的民族。'我要向俄罗斯人致敬!"他还表达心愿:"我们两国曾经有过一段不愉快的经历,现在这一页已经翻过去了,我希望我们两国永远是好邻居、好朋友、好伙伴!"

顿时,激动人心的一幕在会场出现。坐在薛范右边的罗高寿用中文大声插话:"永不言战!"全场掌声雷动,大家举杯痛饮。

第八章

山巅放歌

歌曲翻译,作为文艺翻译整体中的一员,它一个世纪来走过的历程,参与构筑了一部辉煌文化交流史、文化关系史、文化影响史和文化接受史。

——薛范

第一节 为歌曲译配定"姓"

有你鼓励,我敢上山巅放歌。

有你鼓励,敢下海战风波。

有你支撑,我变得充实坚强。

你鼓励我,敢去超越自我。

晚年薛范特别喜爱《你鼓励我》这首歌。一个病残老人,体弱力衰、心若朝阳。几十年来,歌声激发他的激情、斗志,他一次次攀登、飞越,也一次次迎来收获。

他享受着译海潮音,却没有沉醉。他在蓄势积力,酝酿又一次自我超越。

1999年11月,有个翻译研讨会在上海举行。两位远方来客带着选题专程拜访了薛范。他俩是湖北教育出版社编辑唐瑾、华中师范大学教授陈宏薇。

薛范在家中热情接待了客人,虽是初次相见,但之前的电话沟通使他们并不陌生。薛范与客人聊起了歌曲翻译及其基本原则、歌曲翻译与诗歌翻译等等。薛范与唐瑾正在商讨的,是湖北教育出版社"中华翻译研究丛书"第二辑的第一本。

歌曲翻译系统研究,这可是薛范在歌曲译配领域独具特色的成果。1957年,他编辑《苏联歌曲汇编》(第一集),竟然写了长达10页的代序《苏联群众歌曲的道路》。此后,他经常以"序""编后语"等形式展示研究心得,普及相关知识。

唐瑾是位出色的责任编辑。在《编辑之友》杂志2007年第3期上,唐瑾谈及"初心":像薛范先生这样几十年如一日,在外国歌曲翻译之上勇于开拓、勇于探索、勇于实践,并不断总结,而又特别关注其发展,至今仍然健在的歌曲翻译家已经很少了。倘若我们不在翻译研究领域里提出总结歌曲翻译研究这样一个课题,请薛范先生来写作,恐怕翻译研究领域就会留下一个永久的遗憾与空白。

双方一拍即合。两年后,20万字的《歌曲翻译探索与实践》出版。

"这部《歌曲翻译探索与实践》从组稿至作者交稿整整两年,是作者竭尽心力写作的成果。它系统、详尽地总结了作者近50年歌曲翻译的实践和经验⋯⋯纵览全书,内容充实、经验丰富、举证详细。语言亦通俗朴实,既可供文艺翻译工作者和翻译理论研究者阅读、参考和借鉴,又可供歌曲和诗歌爱好者赏析。确实是文艺翻译理论中不可多得的一部上乘之作⋯⋯"当年的"审读意见",对《歌曲翻译探索与实践》作了最初、充分的肯定。

为《歌曲翻译探索与实践》作序的钱仁康教授称赞:"内容多有言前人所未言之创见。""本书是他对翻译歌曲的理论所作的杰出贡献。"

《歌曲翻译探索与实践》阐述了歌曲翻译的可行性和必要性,歌曲翻译的特殊性,歌曲翻译的理论与技巧,歌曲翻译在中国的历程等。

一首首歌曲的"中国化"在一些人眼里是"小儿科",薛范则认为,歌曲翻译是艺术翻译。以为懂一点外语就可以翻译歌曲,是一种可悲的误解。歌曲译配是一门跨音乐、跨文学艺术、跨翻译的综合学科。他在《歌曲翻译探索与实践》的引言、结语部分表明自己的歌曲翻译理念。薛范在"歌曲翻译的特殊性"一章中进一步阐述道:歌曲翻译是文学和音乐的联姻。歌曲翻译之难,就难在它受其文学属性和音乐属性的种种制约。这种制约好比"紧箍咒"。译词必须吻合于音乐,这是歌曲翻译的第一要素。歌曲翻译的优劣,关键在于"配歌"。

诗歌翻译姓"文",歌曲翻译姓"音"。薛范的解析让人耳目一新。

在几十年的译配实践和求索中,薛范带着"紧箍咒"起舞,积累了大量实例,他通过实例说明了歌词翻译与歌曲翻译的差异,配歌如何避免出现破句、倒字、无法唱。薛范对歌曲翻译中的韵律、节奏感、声调感,音乐风格对译文的制约,歌曲中的中外文化差异,歌曲翻译中的语言现象等一一分章论述。

《歌曲翻译探索与实践》填补了国内歌曲翻译研究的一项空白,从中也展现了薛范在歌曲译配方面的艺术造诣和呕心沥血的艰辛付出。

上海翻译家协会原秘书长邵正如在"序"中评价薛范:他是新中国从事歌曲译介和研究的最早耕耘者之一,也是我国目前毕生致力于外国歌曲翻译、介绍和研究的仅有的一位歌曲翻译家。《歌曲翻译探索与实践》是唯一一本外国歌曲翻译理论入门书,给后来人留下了一笔宝贵的精神财富。

在歌曲译配的理论研究山巅,薛范放声高歌。在他的这场个人音乐会中,我们从或雄壮嘹亮,或悠扬婉转的歌声里,还听到薛范发自肺腑的心声:

> 我写这本书的目的,远不仅仅是为同行之间的交流和研讨,因为我的同行,"如我者,二三子"而已。我写这本书的目的,更着眼于后来人。尽管目前后继乏人。但只要音乐和歌曲仍是人们的至爱以及情感交流和情绪宣泄的需要,仍是人们了解和理解其他国家和民族的重要媒介,那么,歌曲译配事业必定会有后来人。我这里把自己近半个世纪探索和实践的心得记录成书留给他们,希望他们认真做好各方面的学术准备和积累,希望他们不至于再像我们当初那样在混沌中摸索,希望他们能在较短的时间内掌握歌曲译配的技巧,把成熟的译品奉献给大家。
>
> ……
>
> 我要再三提醒诸位的是:歌曲的审美效应指向两种对象,即唱者和听者。歌曲的演唱和流传,如果没有受众的积极参与和接受是不可想象的。歌曲的价值在于主体意识和接受意识共同作用的结果。当我们拿起一首准备着手翻译的歌曲,绝不能单纯地只从语言转换的视角去考虑,而必须结合音乐作整体的考虑,把歌曲作品看作是一个动态的综合体。

拳拳之心,溢于言表。

第二节　醉歌笔耕百花园

2008 年 11 月 19 日，在上海翻译家协会举办的"改革开放三十年与文学翻译发展"论坛上，薛范作了专题发言《改革开放三十年的歌曲翻译》。

对歌曲翻译史，薛范了然于胸。他的《歌曲翻译探索与实践》第十章《歌曲翻译的历程》，全面回顾了近百年来外国歌曲在中国的翻译出版史：从清朝末年美国歌曲《飞渡鸠迦》(进军佐治亚)和稍后法国《马赛曲》的中文翻译，到 2000 年开始，喻宜萱、蒋英编的《法国艺术歌曲选》《德沃夏克艺术歌曲选》和《布拉姆斯艺术歌曲选》，钱仁康编译的《汉译德语传统歌曲荟萃》《舒伯特歌曲集》《舒曼歌曲集》《布拉姆斯歌曲集》《李斯特歌曲集》，周枫编译的《意大利歌曲 108 首》，徐宜编的《马勒艺术歌曲集》《奥尔夫艺术歌曲集》《柴科夫斯基艺术歌曲集》《拉赫玛尼诺夫艺术歌曲集》和《穆索尔斯基艺术歌曲集》，张宁编译的《圣诞节名歌精选》，薛范编译的《世界合唱金曲集》相继出版。

除了基督教教会编译出版的宗教歌曲，20 世纪 20 至 40 年代，是歌曲翻译的"高产期"，仅外国歌曲集至少有 50 种在我国出版。在 20 年代，法国《马赛曲》《国际歌》，俄罗斯民歌《伏尔加船夫曲》"对我国人民的巨大影响足以载入翻译史册"。这三首歌的译者"在我国的文艺翻译史上功垂千秋"！

薛范高度评价钱仁康对歌曲翻译所作的贡献：钱仁康先生最早对外国歌曲进行有意识地、有选择地、较为系统地翻译和介绍；在歌曲翻译史上，钱先生是最早有意识地从"译词"和"配歌"这一整体立场来从事歌曲译介的一位。钱先生文学功底深厚、音乐造诣精湛、知识结构渊博、治学态度严谨，他那些无论是古文或是语体歌曲译文都达到较高的水平，对于后来者具有示范意义。他是外国歌曲翻译、介绍和研究的先驱者和开拓者之一。

译介俄苏歌曲是薛范翻译的"强项"，他对抗战时期苏联歌曲在中国抗日根据地、上海等地的翻译、传播，苏联歌曲对鼓舞民众抗战的信心同样作了全景式展示。"苏联歌曲的翻译、介绍应在我国歌曲翻译史上占一席举足轻重的地位。"

歌曲翻译历经"50 年代的繁荣""60—70 年代的沉寂"，迎来了"80 年代至世纪末的复苏和衰微"。

《歌曲翻译的历程》洋洋洒洒，将一幅宏伟的百年历史长卷融入中国翻译史。

而薛范《改革开放三十年的歌曲翻译》专题发言，又使这幅壮丽史卷增添了新景观。

他的铺垫由成立于 1954 年的音乐出版社、1956 年成立的上海音乐出版社出版大量各个品种的外国歌曲集始。上海的《广播歌选》和北京的《歌曲》杂志每期不遗余力地推荐新的翻译歌曲，这是外国歌曲译介领域的第一个黄金时期……

改革开放之初，外国歌曲翻译领域回暖相对滞后得多，直到 1985 年中苏关系开始解冻才有了转机。从 1960 年至 1985 年，歌曲翻译出现了严重的断裂层，原来的歌曲翻译者队伍已凋零，在 80 年代还能继续从事歌曲翻译的人寥寥无几。薛范列举了 1985 年后自己编译出版的多本歌曲集，"这是改革开放七年以后推出的第一批大数量的翻译歌曲。这一时期，欧美各国当代的流行歌曲也开始陆陆续续地翻译介绍到中国来"。"90 年代，翻译歌曲受到人们空前未有的关注，首先体现在俄苏歌曲"。他以北京、上海等地举办的一系列俄苏歌曲专场音乐会；"译海歌潮"世界各国歌曲音乐会；2003 年他从事歌曲翻译工作 50 年，包括澳门在内的一些城市排演薛范翻译歌曲音乐会；2005 年新加坡也举办过薛范翻译歌曲音乐会，翻译歌曲走出国门为例论证："90 年代外国歌曲翻译是继 50 年代之后又一个黄金时期。21 世纪最初几年，还一直保持着强劲的势头。"

薛范无须掩饰："在译介到中国来的世界各国歌曲中，最受我国受众欢迎的是俄苏歌曲。俄苏歌曲的广泛传播对几代人产生了积极、良好的影响。"

专题发言介绍前，薛范也表达了自己的忧虑：翻译歌曲发表园地严重萎缩，原先全国各省都有一本音乐刊物，现在只剩下北京《歌曲》杂志，且每月才刊登一首翻译歌曲；"翻译家后继乏人，在我之后，翻译歌曲领域恐怕会有相当长的一段时期一片空白。"……

薛范"恐怕"两字用得十分巧妙，因为他还为大家留了个"光明的尾巴"，他提到网络的发展，也给外国歌曲的翻译事业开拓了一个新的园地和新的渠道。在网上成立、以他为首的歌曲翻译实验小组，已译配出 100 多首歌曲，并通过网络传播。"网络翻译歌曲能不能像网络文学那样，形成一定的气候，目前还很难作出判断。"

"一辈子只干一件事"造就了上海许多文学、翻译、音乐大家，70 多岁的薛范尽管视力退化、高度近视，但却一如既往地醉心于歌曲译配、翻译歌曲理论研究、翻译歌曲的有关动态信息收集等,他的专题发言无疑又是一次没有对手的山巅放歌。

第三节　乐声中反思

访俄归来,薛范紧张地忙着校阅书稿。卢湾区打浦桥文化活动中心将于8月下旬举办"薛范翻译作品音乐会",薛范接受了担任音乐会顾问的邀请。一遍遍辅导业余声乐爱好者演唱他译配的20首世界各国歌曲,他似乎浑身是劲。

2007年10月上旬,上海歌剧院歌剧团、合唱团、交响乐团在上海音乐厅推出两场"红莓花儿开——俄罗斯作品音乐会"。作为主持人,薛范的讲解为音乐会提升了人气、增添了亮点。女声二重唱,男声四重唱,男女高音、中音独唱,女声小组唱,一首首经典歌曲与俄罗斯交响乐作品此起彼伏、如梦如幻——歌剧《鲁斯兰与柳德米拉》序曲,《红莓花儿开》《小路》《海港之夜》《共青团员之歌》《卡秋莎》《蜻蜓姑娘之歌》《在那空荡荡的田野上》《连斯基咏叹调》《伏尔加船夫曲》《灯光》《山楂树》《纺织姑娘》《遥远的地方》《列宁山》《雪娘咏叹调》《达姬亚娜咏叹调》《三套车》《莫斯科郊外的晚上》;交响组曲《天方夜谭》《波罗乃兹舞曲》,芭蕾舞剧《胡桃夹子》组曲。

2007年10月,由上海文化发展基金会资助、薛范编译的《俄苏名歌经典1917—1991》和《俄苏歌曲佳作选》由上海音乐出版社出版。这两本书介绍了300多首优秀歌曲,是目前中国出版的最完整、最有代表性,兼有文献价值和史料价值的国别歌曲集。

11月7日,"俄苏友谊文化周"在北京基辅餐厅开幕。乌克兰艺术家演唱的一首首俄罗斯歌曲,拨动着人们的记忆。《俄苏名歌经典1917—1991》(上下册)和《俄苏歌曲佳作选》新书首发式,吸引了中央电视台等媒体。这两本薛范编译的歌曲集分别为简谱版和五线谱版,在上海文化发展基金会资助下,得以由上海音乐出版社出版。这月下旬,上海翻译家协会、上海音乐家协会和上海音乐出版社也在上海市文艺会堂为薛范新作隆重举行发布会。上海市委宣传部副部长陈东、俄驻华领馆副总领事柏德福、上海文联以及上海文化发展基金会负责人、上海各大媒体记者出席。

十月革命的炮声已响过90周年,苏联的瓦解也十多年了。多少人对当年

"老大哥"的歌曲早有疑问或不以为然：我们是否还有必要唱？我们该怎么唱？

薛范耳聪目明、善于思考，他又怎会无动于衷。在接受"中国网""和讯网"等媒体的专访中，他对答如流、侃侃而论。

薛范把自己的"发现"告诉读者：无论从文化的内涵、文化的品位上说，俄苏歌曲都比其他国家的歌曲要高很多。我就说年轻人能够理解的这些歌曲，美国有许多非常好的摇滚歌曲、流行歌曲，像猫王他们唱的歌曲。请大家思考一下，美国歌曲最多主语、频率最高的是什么？是"I"；频率最高的谓语是什么？"Love""Kiss""Touch"。你有注意过英文歌曲里有没有提到过"Country"（国家）、"Motherland"（祖国）？像迈克尔·杰克逊的"We Are The World"（中文译名《天下一家》），这种歌可以说是凤毛麟角。但是在苏俄歌曲里有爱情歌曲，还有歌颂祖国、歌颂家乡、歌颂风光、歌颂自然环境；歌颂钢铁工人、地质队员、宇航员……这些歌歌颂劳动者普通的生活，他们的爱情，他们的追求，面非常广。而且苏联歌曲把自己个人的情感、个人的爱好和国家、社会、人民放在一起，有很高的境界。俄苏歌曲的爱情歌曲非常多的是小调歌曲，是很伤感的歌曲，但是伤感而不消沉和颓废，这是苏俄爱情歌曲最大的特点。

薛范并不讳言有些苏联歌曲也有口号，他以自己歌曲翻译的处女作《和平战士之歌》为例，"这样的歌曲时间长了就淘汰了"。

薛范也非常喜欢美国流行音乐，因为它"能够一下子抓住你，调动你的情绪，调动你的感情，这是美国流行歌曲的特点，非常好听"。薛范在许多场合告诉大家，尤其是年轻人：我并不是鼓吹俄苏歌曲，世界上每一个国家、每一个民族都有自己优秀、独特、不可替代的作品，我们应该胸怀世界、放眼世界才能多接触。年轻人不能像老年人一样偏执，只承认欧美才是流行的。

他和听众面对面的交流有时很坦率。薛范不会忘记，有一年他去重庆，在一档电视访谈节目中，有位年轻人在互动时对薛范说："你们这代人很可怜，你们那个时代没有别的歌曲，只好听俄苏歌曲。"我回答："你错了，那个时候我们翻译过的外国歌剧有《茶花女》《卡门》，外国歌曲有波兰的《小鸟》、南斯拉夫的《深深的海洋》、阿尔巴尼亚的《含苞欲放的花》、印度的《流浪者》、印尼的《宝贝》、英国的《友谊地久天长》、美国的《家乡的亲人》、西班牙的《鸽子》等等，这些都是我们那个时候翻译的。现在是多元化了，我问你，除了美国的流行文化，你们接触过什么呢？比如说，我们的邻居印度、韩国有什么歌曲你知道吗？你说不出来吧？……你说我们这代人可怜，我觉得你们那代人可悲。你们接触不到世界各国的优秀的东西，这不能怪你们。你们只吃过肯德基、麦当劳，就认为这是世界上最好的，拒绝去品尝川菜、粤菜。你们拒绝真正美的东西，这才是你们的可悲之处。我就希望你们年轻人有更广阔的胸怀，更多元化。这才是我最期望的。"

上下两册的《俄苏名歌经典 1917—1991》，前 21 页是薛范的序言《俄苏歌曲七十四年风雨历程》。薛范在文尾意味深长地提到俄罗斯的一个文化现象：1995年，为庆祝世界反法西斯战争胜利 50 周年，俄罗斯出版了一批卫国战争歌曲集和唱片集。广播、电视和音乐会也频频播放、演唱这些歌曲。"曾经历过那场战争的中、老年人再次听到这些歌曲不禁涕泪滂沱，而年轻人也开始注意到：原来他们的父兄时代还有那么多动听感人的歌曲，于是他们开始用他们自己的方式去演绎那些老歌。""过了 10 年，俄罗斯目前的音乐现状已大为改观。书店里、商场里，音乐书刊和唱片琳琅满目，既有当代的新作，也有大量过去的作品。提到以前的'苏联歌曲'，听到最多的是一句既含感情又很理性的话：'这是我们历史的一部分。'很少再有人'否定一切'，把脏水和孩子一起泼掉了。"

薛范观点鲜明地再次亮出了乐声中的反思：苏联解体了，但是苏联歌曲还在。有些人，由于苏联的解体而把苏联歌曲视为"陈旧的""过时的"，口口声声什么"怀旧音乐会""怀旧金曲"；也有的人，把苏联歌曲和苏联政权等同起来——如果不说是偏见和无知的话，至少也是天大的误解。

在《编后记》里，薛范又炮轰起"怀旧"：在我国市场上发行的俄苏歌曲唱片，无论是俄语原唱版或是中文翻唱版，大多冠名为"怀旧金曲"，俄苏歌曲专场音乐会自然也冠名为"怀旧音乐会"。

这真是一种奇怪的现象。怀旧？"旧"在哪里？为什么一提到俄苏歌曲就是"怀旧"？仅仅是因为苏联解体，苏联不复存在，唱俄苏歌曲就成了"怀旧"？那么抗日战争过去半个世纪了，我们怎么不说"怀旧金曲《黄河大合唱》"？贝多芬更是上上个世纪了，怎么没听人称谓"贝多芬怀旧交响音乐会"？怎么偏偏就是俄苏歌曲"陈旧"了，"过时"了？若以此而论，我们花费这么大精力编选的这套歌曲集子似乎应该由文物出版社出版了。

金刚怒目之后，薛范又致谢相关单位及人士为歌集出版提供的帮助，感谢他们的"见识和气魄"，他们"为中外文化交流、为保存世界文化珍品作了一件功德无量的好事"。

交流、沟通，有助于减少、消除误解。

乐声中的反思依据事实、入情入理，他也向世人袒露出刚毅不屈、绝不后退的率真可爱性格。

2008 年，《俄罗斯文艺》季刊分两期全文转载了《俄苏歌曲七十四年风雨历程》。

薛范的反思绝非单向。

薛范在哈尔滨举行的关于中俄文化交流的国际研讨会上，向俄方同行发问："我基本上是把俄罗斯、苏联代表性的、脍炙人口的歌曲介绍到了中国。为什么俄罗斯没有把中国的歌曲介绍到俄罗斯？"

俄方人员幽默而答："因为俄罗斯没有'薛范'。"

如果对方了解这是薛范的"心病"，恐怕就不会答得如此轻松。

在俄罗斯访问期间，薛范提出了这个问题。在他心中，文化交流应该是对等的，"希望你们也组织些人，把中国的优秀歌曲翻译介绍到俄罗斯"。

去世前三年，他接受俄罗斯卫星通讯社专访时表示："国之交在于民相亲，中俄两国政府应将歌曲译配作为一个文化工程来共同推进，深入合作。"

"个人的能力毕竟有限。"薛范感叹，"文化交流值得两国政府高度重视，文化交流是一个比任何一切都能够解除误会，能够增进了解、增强友谊的非常好的工具。"

他似乎并非坐在轮椅上，而是挺立于巍峨的山峰，放眼俯视飞云和大地而思考、发问。

第四节　熠熠生辉星光灿

薛范出生的第二年，一位美国心理学家"发明"了一个新词："非智力因素"。这一新概念为心理学、成功学带来了新活力。

成功的辞典固然由智力因素和非智力因素共同填写，而有心理学者认为，动机、需要、兴趣、情感、意志、性格、气质、习惯等非智力因素起着决定性作用。

薛范把自己的成功归为"时代"，真理与客套兼具。

沿着他以歌为伴锲而不舍的攀登阶梯行进，你会发现他铺设的一块块牢固基石，纵览他打造的一处处胜景幽园。而这些都与歌曲相关。

歌曲史话——

俄罗斯民歌《壮士歌》《顿河好汉》《升起来,一轮红太阳》《你别喧哗,橡树妈妈》《伏尔加纤夫曲》《草原》《三套车》《哎呀,雪球花儿》《田野里有一棵白桦》《雪球花》《纤弱的花楸树》……代代相传的"艺术编年史"。《小路》《歌唱卓娅》《夜深人静,四处炮火停息》《灯光》《祖国》……农村歌手、前线将士、专业人员,都是苏联歌曲的创作者。

世界反法西斯战争的中国号角:中国抗战14年,抗日救亡歌曲数量之多世界之最;二战时期的欧美歌曲,自生自灭的"集中营歌曲"、胜利后的思乡曲……薛范通过比较得出结论:"由于文化背景、习俗和思想观念的差异,美国人把歌曲的功能只看作娱乐;美国'二战'期间没有像苏联那样产生出深刻的、严正的、震撼人心的歌曲。"

薛范上世纪80年代末还研究起摇滚乐。他的《摇滚乐史话》,是中国大陆最早介绍摇滚乐的文章之一,在《音乐爱好者》杂志连载7期,杂志零售数量大大增加。《音乐爱好者》当时举行的"十年好文章"评选中,《摇滚乐史话》在上千篇参选文章中名列第二,足见读者对此文的喜爱。

薛范研究摇滚乐,出于"摇滚乐已成为世界范围的一种社会现象和文化现象,自有它值得研讨之处"。他对毁誉参半的摇滚乐,只是"拭目以待",认为"下结论似乎为时尚早"。1991年,《音乐爱好者》于第2、第3期发表了薛范的《摇滚乐在苏联》,向读者介绍了萌芽于1957年莫斯科世界青年联欢节的苏联摇滚、"俄罗斯的披头士"——第一支苏联摇滚乐队"时间机器"、苏联摇滚与欧美摇滚的差异,等等。

薛范研究摇滚乐仅为"客串",当上世纪90年代中期俄苏歌曲热在中国重现,他无所留恋地放下摇滚研究,迫不及待地回归"主业"。

……

歌曲与交响乐——

许多著名音乐家如巴赫、亨德尔、海顿、莫扎特、贝多芬等的交响作品,不乏声乐的融合。在歌曲与交响乐的庞大库容中,薛范选择了苏联作曲家肖斯塔科维奇的《g小调第11交响曲》、格林卡的《卡玛林斯卡亚舞曲》、柴科夫斯基的《如歌的行板》和《1812序曲》,向读者或听众普及"俄罗斯民歌与交响乐联姻"。

薛范的歌曲系列研究,还包括《歌曲与人物》《歌曲与电影》《歌曲掌故》《歌曲与文荟》，其总篇幅达几十万字之多。薛范对其中一篇不到 500 字的《俄苏歌曲赞》特别看重。

《俄苏歌曲赞》源自 1994 年 11 月 15 日薛范在中央乐团排练厅的讲话，又是《苏联歌曲珍品集 1917—1991》的代序、《俄苏名歌经典 1917—1991》序言结束语，它无疑是薛范献给俄苏歌曲的、精心栽培数十年的红玫瑰：

> 俄苏歌曲，它赞美创造性的劳动，把普通劳动者作为歌曲的主人公，讴歌他们的业绩、生活和爱情；
>
> 俄苏歌曲，它体现了对远大理想的追求，对崇高事业的奉献精神，对公民责任感的认定，对社会、对国家、对人类命运的深切关注；
>
> 俄苏歌曲，它以最真挚纯朴的诗意语言和音乐语汇来抒发对情爱和幸福感的体验，对人性真善美的弘扬；
>
> 俄苏歌曲，它所有作品中都跃动着积极的人生态度、喷薄出一股使人奋发向上的青春力量；
>
> 俄苏歌曲的这些品格是世界上其他国家的歌曲中所没有的，至少是没有如此鲜明突出。苏联这个国家解体与否，都不能影响这些歌曲的魅力，它作为人民的创作而永远存在，它反映了人类对至善至美理想的追求。
>
> 今天，我们在唱俄苏歌曲，不仅是因为它经久不衰的艺术魅力和厚重的文化品位，也不仅是对过往时代的追忆，更多的是对未来新世纪的信念，是对我们曾经拥有而如今正在失落的许多弥足珍贵的东西的呼唤，因为我们相信：这世界上只要有人类存在一天，那些激励我们去追求崇高理想、追求美好生活的歌曲将永远和我们同行！

正如薛范所愿，反映人类对至善至美理想追求和对未来信念的歌声，随着新世纪的来临在中国大地此起彼伏，经久不息。薛范编译的各种歌曲集顺天应人，破土而出。

2003 年薛范翻译生涯 50 周年前后，上海、成都、北京、昆明、广东、天津、澳门、珠海、武汉等地纷纷举办"全世界名曲专场音乐会""薛范翻译生涯 50 周年祝贺音乐会""世界名歌音乐会和俄罗斯名歌音乐会""薛范先生翻译作品 50 年专场音乐会""祝贺薛范先生译配生涯 50 周年音乐会"……"祝贺音乐会"从上海到武汉,持续了两年多。

薛范不愧为策划高手,2003 年底,他编著的《莫斯科郊外的晚上——薛范 50 年翻译歌曲精选》出版,附书还有 CD 唱片一盘。他为自己精心挑选了一张黑白半身照,翻开歌集,18 年前的薛范沐浴在阳光里,他瘦削超脱、精神矍铄。神奇的光影和黑白色调似乎促成了时空错位,他的眼神中闪烁着几分学生时期的踌躇与冷傲。此时的他,已译配各国歌曲近 2000 首,编译出版外国歌曲集 30 多种,发表歌曲研究及其他文章近百篇,策划录制 20 多种用中文演唱外国歌曲的盒带和 CD 唱片。他还为电视台策划了多套音乐电视节目,策划了一系列外国歌曲专场音乐会、演唱会。

《莫斯科郊外的晚上——薛范 50 年翻译歌曲精选》遴选了薛范半个世纪来译配作品的十分之一。在提笔写后记时,薛范不禁想起一个个熟悉的面孔,其中包括他的第一位引路人——《广播歌选》编辑曹中:他推荐薛范担任特约编辑,还为薛范借来俄文乐谱资料……

新世纪的前几年,薛范编译的其他外国歌曲集也接二连三问世:《重访俄罗斯音乐故乡——俄罗斯名歌 100 首》(俄汉对照)、《奥斯卡歌曲》《外国合唱精品选萃》《当我们年轻时光——英文名歌 100 首》、与李凌合编的《名歌经典》(外国卷)大型丛书、《欧美音乐剧名曲选萃》(五线谱版)、《雪绒花——快乐少儿英语歌曲精选》(与禾青合编)、《世界通俗合唱珍品集》(五线谱版)4 册、《世界通俗合唱珍品集》(简谱版)4 册。

2004 年 6 月 13 日,在薛范译配生涯 50 周年之际,中央电视台音乐频道播出"音乐人生"特别节目"薛范访谈录"。

2005 年薛范编译的《警钟长鸣,珍爱和平——世界反法西斯歌曲 100 首》出版。4 月 23 日,由薛范策划并担任顾问的同名音乐会在北京国家图书馆音乐厅举行,中国人民对外友好协会会长陈昊苏,俄罗斯驻华大使馆公使、参赞等出席了音乐会。7 月 11 日,薛范受聘为第四届中国俄罗斯友好协会全国理事。9 月,获中国翻译协会"资深翻译家"荣誉称号。

他把不受音乐学研究重视的歌曲译配作为自己不懈耕耘的园地,他在一片片"贫瘠"的荒滩上"乘虚而入",开垦出万紫千红、硕果累累的新天地。

第九章

一路同行

将来我不在了，我翻译的歌如果人们还在唱，那我就活在他们心中，我满足了。

——薛范

第一节　高歌向未来

开场曲《红莓花儿开》轻快地响起，上海东方艺术中心 2000 位观众沉浸于上海师范大学行知合唱团美妙的歌声中。2011 年 11 月 5 日，"莫斯科郊外的晚上"俄罗斯经典歌曲音乐会使薛范与行知合唱团师生的心贴得更近。

10 月中旬，行知合唱团在上海师范大学音乐学院党总支书记金国忠、常任指挥王瑾等率领下，开启了长江三角洲巡回音乐会之旅。薛范既是上师大客座教授，他与徐朗又是音乐会策划者、艺术顾问。薛范随团巡演常州、泰州、合肥，并担任讲解。上海的两场音乐会，安排在东方艺术中心和王瑾母校上海音乐学院。

四年前，盐城师范学院学生出演整台俄苏歌曲音乐会，如今上海也以巡演证明了自己的实力！薛范更高兴的是，年轻的一代能从优秀外国歌曲中得到滋养，以及他与师生们在排练、巡演中的那份情谊。

上海师范大学当年对这场音乐会有过较详细记载，开场曲后，"行知"连着献上了六首女声合唱，"第二首《春天来到了我们的战场》将音乐会推向了一个小小的高潮，所有女生连同观众都被这曲调所折服，潸然泪下"。无伴奏合唱《白肋喜鹊》是第六首也是最别致的一首，它通过各种特别的和声演绎出喜鹊吱吱喳喳的场景，风趣幽默。随后是男生合唱，他们演唱了三首耳熟能详的歌曲《喀秋莎》《海港之夜》《共青团员之歌》"。音乐会增加了两组女生小组唱《小路》《夜莺》，两对双胞胎用优美的歌声和娴熟的歌唱技巧赢得了现场热烈的掌声。"随后是一首感动全场的混声小组唱《你的声音》，这首歌曲曲调忧郁优美，将音乐会推向了高潮。最后是六首混声合唱，《斯拉夫送行曲》《雪球花》……这场音乐会是在本土唱响的，团员们更是饱含热情用心歌唱，现场观众也非常配合和热情。当最后唱响《莫斯科郊外的晚上》这首经典歌曲时，所有观众一起打着拍子唱了起来，指挥王瑾老师指挥全场共同演唱。整场音乐会高潮迭起，掌声不断，观众无不被歌声打动……"

这是薛范期待的一幕。为让更多的学生喜爱俄苏歌曲，他不辞辛劳，通过讲座耕耘播种。2007 年 5 月，江苏盐城师范学院和盐城市音乐家协会联合主办"俄苏歌曲专场音乐会"。音乐会特邀顾问薛范在盐城师范学院为师生做了音乐欣赏讲座。两年后，他受聘西安音乐学院西北民族音乐研究中心客座研究员，出席了三场由他任顾问的"薛范译配世界名曲合唱音乐会"，并为西安交通大学、西安音乐学院师生主讲"俄苏歌曲翻译和欣赏"。

薛范的人格魅力像富有穿透力的歌声，打动了许许多多师生。

行知合唱团常任指挥王瑾师从中央音乐学院教授、著名指挥家吴灵芬和我国合唱指挥泰斗马革顺先生，她当学生时"只知道薛范的大名，知道他为中外文化交流搭建桥梁"。经过长三角巡演，王瑾对薛范有了新的认识："他是一位非常了不起的人！"

王瑾第一次到薛范家商谈合作事宜，她"很震撼！不敢想象，史诗般完成大量歌曲译配的人物，竟然处于这样的生活状况。把薛老师请到排练现场，大家很意外、振奋"。

合唱团到外地演出，有位男生背着薛老师上下大巴，同学们排着队去帮助薛老师。王瑾看在眼里，一阵欣喜，这是合唱团学生们多么难得的学习、提升自我的机会！

中老年"薛粉"的痴迷指数，合唱团师生耳闻目睹。在长三角巡演时，有一次主持人正介绍《三套车》，稍停顿，有位上了年纪的男士举手发问："我太喜欢薛范先生翻译的《三套车》了，我能唱几句吗？"那男子从观众席走到剧院舞台前，声情并茂清唱了起来。

音乐会结束后，王瑾问薛范："薛老师，那位观众唱的您满意吗？"薛范乐呵呵答："满意，满意！"尽管常有歌迷错把《红莓花儿开》《三套车》的译配归到薛范账上,薛范只能"照单全收"。

王瑾研究生毕业后在上海师范大学工作,担任上海歌剧院客籍指挥多年。2011年春节,她初四赶回上海歌剧院,排练苏联歌曲音乐会。歌剧院拍摄录像,台下观众自发地齐声欢唱,热血沸腾。

王瑾父母上学时唱苏联歌曲,女儿参加长三角巡演前,他们致电王瑾:"薛老师是歌曲翻译大家,翻译了好多外国歌曲。你要珍惜机会,多学学。"王瑾曾向薛范请教:"您译配中最大的困难是什么?"薛范告诉王瑾:"是如何协调歌词的韵律、节奏与歌曲旋律的关系。"王瑾开悟了,她的导师马先生特别重视汉语的吐字、咬字、归韵、押韵……外语也都有自身的发音特色。如德语,辅音比较多。汉语弱化辅音,元音较多。俄语音节很长,汉语单音节,每个字有独立的韵脚。俄语这么长的音节,汉语一个字就解决了。

了解了每种语言的特点,指挥、演唱则事半功倍。王瑾2012年去美国学习,回国继续从事合唱指挥。"苏联歌曲旋律朗朗上口,苏联专家曾在上海培养了一批合唱指挥。年轻的学生需要知道这段历史,需要知道有伟大人格力量的薛范!"她说。

当年那位背着薛老师上下车的男生,是合唱团领唱、"大四"生栾鹏祥。小栾照料薛老师,最初凭的是质朴的感情。但凡学声乐、学乐器者,很少不期望能登台表演,小栾和同学们很感激薛老师带给他们展露才艺的机会。随着交往的加深,大学生们进一步爱上俄苏歌曲,爱上薛老师。薛老师是著名译配家、人生旅途的强者,小栾还把他视为爷爷辈的亲人、老孩童。小栾童年失去爷爷,他从山东来沪求学、工作,与薛老师一见如故。2013年,小栾陪着薛老师到北京中央电视台做节目。他穿上锻炼用的旱冰鞋,推着薛老师的轮椅车逛街,薛老师乐不可支。"薛老师要强、喜爱探求",喜欢与年轻人交流。小栾工作上遇到管理、音乐制作方面的问题,有时向薛老师吐露。薛老师"见多识广",小栾十分钦佩。

他们渐渐成为忘年交。听说栾鹏祥要来,薛范偶尔会像孩子:你不要带东西,帮我买份披萨吧。

每年春节前,薛老师总会不经意地问:"你今年回老家过年吗?"小栾却品出了薛老师的意愿,薛老师希望我陪他过年。有一年,他特地提早回到上海,陪薛老师欢度元宵。

为了让更多的音乐爱好者领会外国优秀歌曲的魅力,特别是俄苏歌曲的家国情怀、英雄主义豪气、理想主义色彩，并从中了解什么是"译"和"配"，薛范应邀到学校、图书馆、社区文化活动中心等讲解。耄耋之年，病弱之躯，他对音乐的痴迷一如既往，令人惊叹。

薛范多次赶赴上海外国语大学松江校区，为俄语系师生作《俄罗斯歌曲的翻译与俄语学习》《外国歌曲翻译技巧及俄罗斯文化》讲座：俄苏歌曲对一代代中国人的影响，俄罗斯歌曲翻译赏析，翻译俄罗斯歌曲与俄语学习。薛范引导师生欣赏《祖国进行曲》《田野》《忠实的朋友》，回答学生们的提问，并深情寄语：只有当你热爱一个民族的文化，你才能真正学好它的语言，因为语言背后有着一个民族的文化。

王炳浩还在上海黄浦区半淞园路街道社会保障科时，发现了个奇怪的人物。根据上海市劳动局的规定，社区每个月要通过电脑拉无业人员名单，结果每次都出现"闻声远"。王炳浩好纳闷：此人70多岁了，当时有三种情况可以脱"单"：领失业保险金（社会养老金），就业，退休。为什么"闻声远"始终在名单之内呢？直到半淞园路街道与薛范合作办活动，王炳浩如梦初醒："原来闻声远就是大名鼎鼎的薛范，《莫斯科郊外的晚上》就是他翻译的！"

2012年春夏，薛范与他的轮椅被推上半淞园路街道社区文化活动中心讲台，他为社区居民主讲"苏联早期音乐故事片鉴赏"。这个由上海翻译家协会、黄浦区文化局主办的系列讲座共有10讲，每周一次，历时两个多月。居民们通过薛范讲解和观看《大马戏团》《光明之路》《幸福的生活》《我们好像见过面》《忠诚的考验》《忠实的朋友》《狂欢夜》《心儿在歌唱》《少女的春天》《青年时代》等10部苏联影片，似乎一次次穿越历史、国界，真切感受到苏联电影音乐的功能。在纪念世界反法西斯战争胜利70周年期间，"苏联电影与歌曲"讲座在上海图书馆、黄浦区老西门街道等社区广受赞誉。

随着社区文化节的举办，在薛范翻译作品音乐会上，邻居们自弹自唱，三山会馆百年舞台响起一首首经典外国歌曲。每当听到居民夸耀：《莫斯科郊外的晚上》是阿拉邻居翻译的！"喜爱外国歌曲的王炳浩百感交集，他对薛范的关怀也超越了职责。几年前王炳浩到黄浦区档案局领导岗位走马上任，他设想将来建个名人专题档案，让社区群众为薛范等身边的名人自豪。

人们以歌声抒情言志，以歌声呼唤"曾经拥有而如今正在失落的许多弥足珍贵的东西"。在歌声中，人们不会忘记那些文艺工作者，不会忘记轮椅上的歌痴薛范！

第二节 "另类"殊荣

家住陆家浜路的柳志峰 70 多岁了，几十年前在大同中学读书时爱上了苏联歌曲。1961 年、1962 年，学校组织大家到金山、闵行农村参加"三秋""三夏"劳动，每次两周，他的行李包里总带着一本《外国民歌二百首》。那年代虽然食物不多，而且以素为主，柳志峰认为下乡劳动对孩子成长有好处，长大后他们不会怕苦怕脏。柳志峰记得，大家手拿稻草到鸭棚取鸭粪当肥料，双手弄得臭哄哄，有同学带香皂，洗手八次。最累的数割稻，腰酸背痛。最难忘的是歇工后晚上拿着《外国民歌二百首》，找个僻静处尽情歌唱，他和同学们唱得最多的是俄苏歌曲：《莫斯科郊外的晚上》《山楂树》《列宁山》《小路》《苏丽珂》……

树林深处有花一朵，
花上露珠往下落。
早些你也像盛开的花，
如今在哪里，苏丽珂？

60 年过去了，那本《外国民歌二百首》早已破破烂烂，可柳老先生仍珍藏着，舍不得丢弃，连同薛范的一本本外国歌曲集。

每位歌迷都有自己美好的记忆，这样的故事何止千千万万。薛范们的创造性付出，意义正在于此！他们也无愧于获得的一项项殊荣。

2005 年，薛范被聘为中俄友协全国理事。9 月，中国翻译协会授予他"资深翻译家"荣誉证书。2007 年 11 月底，薛范向时任国务院总理温家宝寄赠了《俄苏名歌经典 1917—1991》《俄苏歌曲佳作选》等新书。12 月 17 日，温家宝总理复信薛范："薛范同志：来信及承赠作品收到。你在十分困难的情况下，为我国的音乐艺术事业和中外文化交流做出了贡献。我深为你身残志坚、不懈奋斗的精神所感动。你的艰辛劳动是应该得到社会尊重的，你的无私奉献精神是值得人们学习的。我向你致敬，并祝你继续取得新的成就。"

中华人民共和国成立 60 周年前夕，来华参加新中国国庆和中俄建交 60 周年庆典的俄中友协代表团,授予薛范"为发展俄中关系功勋章"。

薛范为促进中俄友谊第五次收到俄方表彰。他的翻译成就,也再次为他赢得了荣誉。2017 年 11 月,薛范和吴钧陶、潘庆舲、娄自良、冯春、葛崇岳、张秋红,获上海翻译家协会颁发的"特别贡献"奖。

2013 年,薛范译配生涯进入第 60 个年头。10 月 24 日,上海市文联、上海音乐家协会、上海翻译家协会、上海市文联艺术促进中心等在上海文艺活动中心举行新闻发布会,通报庆祝薛范翻译生涯 60 周年系列活动有关情况。上海市文联专职副主席、秘书长沈文忠,上海翻译家协会会长谭晶华充分肯定薛范"不求收获,但问耕耘"的奉献精神,以及在歌曲译配领域取得的卓越成就。上海音乐出版社社长、总编辑费维耀介绍了当月出版的《薛范 60 年翻译歌曲选》,沈文忠副主席与费维耀社长为薛范新书首发揭幕。薛范回顾了自己 60 年翻译生涯,由衷感谢各方的关心和支持。

《薛范 60 年翻译歌曲选》收录了薛范译配作品最具代表性的 243 首歌曲,每份简谱后面除了附有介绍说明,更标有视频链接。学唱、阅读、视听融为一体,薛范用心良苦。

他年近八旬,人老更容易怀旧,薛范当然不会忘记"60 周年"也是母亲的百岁冥寿。他在《编后记》里不仅向母亲致谢,而且把母亲的大名透露给读者。意味深长的是,《编后记》所具撰写日期恰好是薛范生日。

10 月 30 日,庆祝薛范翻译生涯 60 周年系列活动再掀高潮。上海市文联、上海音乐家协会、上海翻译家协会等又举办了"流淌心底的歌——祝贺薛范翻译生涯 60 年音乐会"。在上海音乐厅,一位位歌唱家以及合唱团演唱了 20 多首薛范译配的世界各国名曲:《莫斯科郊外的晚上》《当我们年轻时光》《草帽歌》《苏丽珂》《鸽子》《你鼓励我》《玫瑰人生》《莉莉·玛琳》《西班牙女郎》《啤酒桶波尔卡》《正是我所盼》《回忆》《道别》……

俄中友好协会第一副主席库利科娃年底致函薛范祝贺新年,又一次热情称赞薛范"我亲爱的朋友薛范。您的豪情和热爱生活我无限钦佩……您不仅是一位真正的英雄,而且在增进我们两国人民之间相互了解和友谊的事业中做出了巨大的贡献"。"今天在中国,索洛维约夫-谢多伊的《莫斯科郊外的晚上》真正成了名歌,男女老幼都在唱我们的歌曲,这一切都是您的功劳。"

庆贺的歌声没有停息。鲁向东的新时代文化交流中心与上海工商外国语学校,联手多家业余合唱团通过音乐会向薛范致敬!上海腾韵交响乐团的"薛范翻译世界名曲专场音乐会",也使观众在艺术享受中看到了民间乐团的潜力。

"60周年"系列庆典轰轰烈烈,如此规格,国内有几位大翻译家能享受到?但似乎心满意足的薛范仍感觉有所欠缺。

他究竟期望什么呢?

第三节　独树一帜音乐学

把几十年来所写与歌曲相关的文稿结集出版!薛范的期盼由来已久。他不再满足于一本本编译歌曲集,他为这些歌曲集写下的有关歌曲、歌手、音乐家等大量文字表明,他用大半生的劳作,培植歌曲文论的奇花硕果。

薛范确实长期以来"不问收获"。编辑歌曲集,他驾轻就熟,手到擒来。而当他筹划以这样一本文论集为"60周年"添彩,他失算了。发表在各地报刊的文章要收集、整理,数量之多,连他自己都有点不敢相信。

错过了"60周年",他坦然接受,但他"把改革开放后撰写、发表在杂志、报纸上的音乐文论汇集起来,想不到有两大本。两本还不是全部"。

一大叠打印稿增补修改,竟然在床头陪了他六七年,薛范不得不自我调侃:差点成了70年文论集。

2020年7月,上下两大册《薛范60年音乐文论选》终于出版,字数逾百万。薛范为封面选择了玫瑰红,喜庆、浪漫、醒目。上册核心部分为"歌曲与翻译""歌曲史话"。

完成《歌曲翻译探索与实践》已十年,薛范的探索没有停歇。

中文版《猫》剧筹划2012年在中国正式公演。6月,薛范担任中文版"歌词翻译高级顾问"。在《薛范60年音乐文论选》上册"歌曲与翻译"板块,有篇《英国〈猫〉用汉语歌唱》。

如何让英国"猫"以第15种语言汉语歌唱,薛范的研究延伸到音乐剧歌曲翻译。他首先肯定:打破"洋剧只能用洋文演唱"的怪圈,披荆斩棘、功不可没。音乐剧歌曲翻译同样离不开"译"和"配",薛范抓住了音乐剧的特点,即唱词与动作的吻合。他举例,唱词中原先有一句"脱帽,然后鞠个躬",但排练发现唱词与动作脱节,于是按照舞台动作改为"鞠躬,还要记得脱帽"。

至于那首名扬世界的《回忆》（Memory），薛范遵循中国古典诗词注重避免"同字相犯"的规则，把 memory 分别译成"梦境""回忆""旧梦""记忆""回味"，体现了他扎实的文字功底。薛范的《〈回忆〉译配札记》，则反映了他如何兼顾旋律、节奏、诗歌韵律，让演员可唱可记、观众听得懂的高超平衡术。

《薛范60年音乐文论选》下册有"歌曲与人物""歌曲与电影""歌曲掌故""歌曲与文荟"四大部分，并附录了薛范30多年前发表于《大江南北》《小说天地》的两篇历史小说。

"歌曲与文荟"部分的《话说歌曲的重译》虽然只有一页，但薛范附录了"译海歌潮"音乐会期间他与著名指挥家秋里等的谈话。面对严良堃、秋里等国内大指挥家，薛范既道出重译原委，又坦陈有些合唱指挥家以"唱顺""唱惯"为由，不愿更改有缺陷歌词的"惰性"！一如年少气盛的闻声远指责编辑错改译词。

在歌唱艺术面前，薛范永远保持着青春的活力、青春的浪漫、青春的率真！

《人民音乐》2010年10月号发表了四川外语学院外国语文研究中心教授陈历明博士的论文：《椽毫译配两千曲　乐海泛舟五十年——评薛范的歌曲翻译理论》。在这篇国内较早的研究薛范译配成就的论文中，陈历明博士称薛范先生为跨学科"通才"，因为"歌曲翻译一直是一个少人涉足亦少人关注的领域，不仅要精通文学、多种语言，更要有很高的音乐艺术素养。因此在实践方面能有所成就已难得，如果在理论方面也卓有建树则更是凤毛麟角"。陈历明博士列举了薛范先生的理论贡献："构建了歌曲译配的基本理论框架；创立了歌曲译配的基本理论术语；提示了歌曲翻译中必须面对的共性和个性问题；提出了一套独特可行的译配方法；并率先总结了我国歌曲译配的历史。多有发前人所未发，却了无理论架空感……在方法论上，他的译配重神似而不重于形似，能充分把握原曲的神韵。"

陈博士也向薛范作了商榷和"求教"。

对薛范先生的艺术成就，陶辛、倪绍陆、邓惠君、禾青分别在《薛范60年音乐文论选》四篇序文中进行了论述。

上海音乐学院教授、博士生导师陶辛写道："外语歌曲译配是一门技艺性极强的'手艺'。单是诗歌的翻译，已被认为是'不可能'的，再加还要能合上音乐的节奏韵律，就我看来，更是难于上青天。干这活儿，不仅需要多学科的广博知识和才情，更需要长期的实操磨练。先生从上世纪五十年代中期开始从事这项工作，到如今，先生译配的文辞声韵已日臻化境，仿若原生天成。还有些作品初看貌似'离谱'，可对照原文再推敲并哼唱下，便能发现先生的苦心孤诣，不禁让人拍案叫绝。""先生自谦为苏俄歌曲的'二传手'，实际上，先生是通过他的手，他的译笔，把这份美好，植入到中国人的心中，加上历史文化社会政治的多重作用，而凝聚成我们的文化记忆和情感基因的一部分。这些歌是如此温柔，能触动心弦能融化坚冰；这些歌又是如此倔强，战火苦难禁锢都不能摧毁。无论是放声还是低吟，总在心间萦绕徘徊，抹不去。"

上海交响乐音乐爱好者协会副会长倪绍陆认为：薛范"从不简单地进行字当句对的死板翻译，他跳出了原文语言文字的羁绊，统摄原文的内涵、诗情和风格等而另铸新词。所以他译配的歌词生动而有灵气，深受爱乐者们喜爱……歌词翻译达到如此炉火纯青之艺术境界，又如此高产，在中国应属屈指可数。其中，有先天赋予的悟性，更有本能持续的激情与自己不折的努力。一种融外语、音乐、诗词三位一体的价值意义，在薛范先生身上得到恰当而充分的完美体现"。在音乐学领域，薛范先生"开创了外国歌曲专题研究的先河，填补了空白"。"薛范先生在长期而辉煌的翻译实践基础上，原创性地构建了歌曲译配的基本理论框架，初步创立了歌曲译配的一些基本理论术语，提出了一套独特可行的译配方法，并率先总结了我国歌曲译配的历史。"

邓惠君退休前是《中国质量报》资深编辑、记者，一名外国歌曲的"特别爱好者"，"唱了六十年薛范先生及其他众多译配者译介的歌曲。对薛范先生译配的歌曲情有独钟"。

邓惠君把薛范的译配特色概况为"五讲四美"：强调音乐属性，讲究文学审美，把握主体角色，力求雅俗共赏，着眼综合效果；这些"特别讲究"，使得薛范译配的歌曲尽显意境美、内蕴美、言辞美和声韵美。

作为助理，禾青不仅把薛范的全部手写稿打字录入电脑，她在译配实践中也深受薛范理念和方法的影响。禾青以多个"一"评价道："他60年来译配发表了《莫斯科郊外的晚上》《音乐之声》《回忆》《剧院魅影》等世界各国歌曲有2000多首，时间跨度之长，数量之多，居全国之最；把外国歌曲作为一门学术来进行研究介绍的，他是唯一的一位；把歌曲翻译的探索与实践提升为理论并出版专著的，他是第一人；全国各地为一位翻译家的作品举办专题音乐会，也只有他一人。"

他是"唯一的一位"，他译配理论的深层研究、完善、发展，有待后人。

我们还会身处外国乐曲歌声飞扬的时代吗？

我们还会拥有"薛范"吗？

第四节　还有多少歌要唱

八月底的上海，暑气大减。入夜，打浦桥社区文化活动中心排练厅，汇聚着几十位业余合唱队员。当薛范坐着电动轮椅出现在他们面前，大家纷纷上前热情问候。

自 1957 年译配《莫斯科郊外的晚上》，整整 60 年了。《你鼓励了我——薛范译配世界名曲音乐会》上演在即，大家满怀期待，投入一次次排练。

薛范头戴鸭舌帽，他比前几年消瘦了。2017 年，又一个"十年"开启，喜讯再度传来，亚洲文化艺术家联合会 3 月成立，薛范受邀成为会员；6 月 8 日，联合会授予薛范"文化艺术和平卫士"称号。此外，他编辑的《白俄罗斯歌曲选集》也完稿了。然而，突如其来的病魔"阻断"了喜庆的势头。诊断书上，"膀胱癌"的结论和随之的住院、手术，使薛范元气大伤。

"别紧张，这不是临终音乐会，但无论如何也该算是'倒计时'音乐会。"他与合唱队员聊天时谈到自己的病情，虽没有和盘托出，但每个人都听懂了问题的严重性。

9 月 8 日夜晚，音乐会在上海音乐学院贺绿汀音乐厅举行。《莫斯科郊外的晚上》《在小船上》《鸽子》《西班牙女郎》《热恋中的战士》《道别》《我将追随他》《你鼓励我》《雪绒花》《渴望你的爱抚》……薛范译配的 21 首脍炙人口的苏联、西班牙、意大利、法国、爱尔兰、挪威、美国名曲情意绵绵，令观众心潮起伏。

很多人有些纳闷的是，舞台上方的电子横幅为何选用黑色？当白字黑幅打出"道别（意大利歌曲）银发合唱团"，更有一种异样之感。

音乐会结束前，有位合唱团人员拿起话筒："这是薛老的倒计时音乐会。薛范先生不久前发高烧，被送往医院。经检查……"

此时，一直悄悄坐在观众席走道旁轮椅车上观看音乐会的薛范也来到舞台上。他身着浅色短袖衬衫，浓眉大耳。他脸无笑容地为观众朗诵起经过修改的《你鼓励我》中歌词："有你们鼓励，我敢上山巅放歌。有你们鼓励，我敢下海战风波。我感谢你们，是你们给了我勇气。有你们支撑，我会坚强地面对生活。"音乐会上,纪晓兰演唱的这首歌声情并茂,薛范病况及朗诵推波助澜,很多观众一时难以接受……

进入"倒计时"的薛范没有退缩。2017 年 8 月上旬,他手术后出院不久,即应邀出席第二届哈尔滨中俄文化艺术交流周活动,并作学术报告;9 月 17 日,上海翻译家协会和长宁区图书馆共同举办第二十三期"上海译家谈:译家—读者文学沙龙",薛范为读者们作《蝙蝠属于飞鸟还是地鼠?——漫说"外国歌曲的翻译"》精彩讲座;10 月 19 日,华东师范大学白俄罗斯研究中心为薛范主编的《白俄罗斯歌曲选集》举行首发式,这是中国翻译出版的第一本白俄罗斯歌曲集。白俄罗斯驻沪总领事向薛范颁发了"白中文化交流杰出贡献奖状";11 月 8 日,薛范出席上海翻译家协会主办的第二十六届金秋诗会开幕式……

一个身负重病沉疾的八旬老人,只要有歌声,他就像坚强的战士。当生活重归平静时,他承受着病痛的折磨,精心裁制自己的"60 年音乐文论选"。

曾经激励了亿万人的爱尔兰、挪威名歌《你鼓励我》,是薛范生命旅途新的精神支柱。2018 年 10 月,他接受上海人民广播电台专访,情不自禁地为听众朗读:"人生受挫,精神会疲惫软弱。前途坎坷,身心不堪重荷。在这一刻,沉住气,守住寂寞,静心等候,你来我身边坐。有你鼓励,我敢上山巅放歌;有你鼓励,敢下海战风波。有你支撑,我变得充实坚强。你鼓励我,敢去超越自我。"

他还想超越什么呢?音乐剧,创作一部音乐剧!在告别人世前的最后几个月,他终于再次实现了自我超越。

社会公众视野中的薛范,总是衣冠齐整,不失风采。人们并不知道,隐隐约约的神经痛,逐渐向他全身扩散,且疼痛程度加剧。

2019 年,"鼓励"和荣誉没有缺席。2 月 16 日,在上海市文联第八次代表大会上,薛范等 33 位文艺家被授予"荣誉委员"称号。6 月 5 日,启动了一年的"中俄互评人文交流领域十大杰出人物"活动,在莫斯科大剧院揭晓。光明日报社与塔斯社共同举办的"互评"活动,由中俄双方评委会分别评选出对方 10 位杰出人物。俄中友好协会第一副主席、资深汉学家库利科娃,中国作家协会原副主席、文化部原部长王蒙,音乐学家、翻译家薛范等上榜。

9 月 20 日下午,秋高气爽,薛范与禾青等早早来到老西门社区文化活动中心。这天,在光明日报社代表陪同下,俄罗斯塔斯社代表团将在薛范工作室为薛范授奖。俄罗斯驻沪总领事,上海市文联、上海翻译家协会、上海市老年基金会代表等也出席了颁奖式。

装饰一新的薛范工作室绿植茂盛,简朴温馨。东墙上,布置着薛范60多年成就的图文展示。书柜里摆放着工作室主人翻译、主编的部分歌集,屏幕上是醒目的欢迎词:"热烈欢迎俄罗斯朋友莅临薛范工作室"。正面墙上,一截桌面大小的五线谱与室内一个个音符彼此呼应……

仪式开始,塔斯社代表团团长致辞:薛范先生译配了《莫斯科郊外的晚上》等1000多首俄苏歌曲,为中俄友谊,为推动中俄文化交流做出了巨大贡献,他当之无愧地入选。

总领事先生宣读了俄罗斯驻华大使杰尼索夫致薛范的贺信,信中热情称颂了薛范的贡献。读到"在这美好的一天,请允许我祝您生日快乐!"总领事先生用中文祝寿:"福如东海,寿比南山!"

薛范和大家不禁放声大笑。

薛范接过奖牌和生日礼物,客人在他两旁坐下,交谈。他对大家忆说起12年前访问俄罗斯,在俄中友协举行的话别会上"永不言战"的激动一幕。

……

送走了客人,薛范余兴未了,毫无倦意。天色已晚,禾青与朋友们提议找个饭店为薛范庆生。来到饭店门前,不见无障碍通道。瞅着门旁高低不平的斜坡,薛范不由分说驾车加力而行。不料,眨眼间轮椅车晃了晃,砰然倾倒!众人吓出一身冷汗,随即又目瞪口呆:薛范不声不响抓着车架,利索地翻身而起,神色不变、毫发无损!

第二天,就是他85周岁生日。

他一生与歌相伴、与车相伴,驾车时常走神,"半途偶得佳句,猛然来个紧急刹车,以至于尾随在后的自行车猝不及防,撞了上来,我因此招来一声骂,也不止一回了"。碰撞、摩擦多了,"避险"技能水涨船高。

秋去冬来,万物归寂。新型微生物病毒张牙舞爪,薛范也不得不减少了出门的次数。疼痛折磨着他,他创作音乐剧的欲望有增无已。前几年,好友、作家叶良骏搞了几部舞台剧,薛范担任音乐总监。他还替叶良骏为编剧的《东方之舟》编过曲,反响甚好。他设想,自己的音乐剧以20世纪40年代到21世纪初的俄苏大地为舞台,歌颂保卫国土、重建家园、走向未来的俄罗斯人民。

2月中旬,薛范接到一封来信,并译配了一首特殊的俄罗斯歌曲。

原来,2020年2月,为了与中国人民共抗疫情,俄罗斯原子能建设出口公司驻连云港代表处副总代表叶弗斯捷费耶夫·亚历山大·根纳季耶维奇,连夜创作了《中国人民必胜》。这首俄语歌曲根据俄罗斯名曲《候鸟飞翔》填词。

薛范在同月所写的《俄罗斯友人的暖心歌声》一文中,对译配《中国人民必胜》作了详细描述:2月18日星期二上午,突然收到俄罗斯驻沪总领馆发来的短信,除了问候健康之外,还提出了一个请求:"有位俄罗斯人写了首歌,关于中国防控新冠病毒的。我们俄罗斯人都很喜欢。请问您如果有时间的话,可以帮我们把歌曲翻译成中文吗?"

薛范"义不容辞"。他委托鲁向东先生下载了歌曲,连夜译配出来。在几位网友的帮助下,《中国人民必胜》完成了打谱、录唱、合成、视频制作。"小小的歌曲视频,是各地网友投入最大的热情共同突击完成的。这也体现了中俄两国人民的情意。俄罗斯驻沪总领馆委托我向中国朋友们致意:俄罗斯驻沪总领事馆表示与中国团结一起,衷心钦佩正在抗击冠状肺炎病毒的中国朋友们的英勇气概。"

8月16日,一阵阵歌声在上海图书馆报告厅荡漾:《莫斯科郊外的晚上》《鸽子》《西班牙女郎》《你鼓励我》。上海市委宣传部原副部长、上海文化发展基金会理事长陈东,上海市文联专职副主席、秘书长沈文忠,上海音乐出版社副社长、副总编辑刘丽娟等纷纷前来为"从《莫斯科郊外的晚上》归来——《薛范60年音乐文论选》分享会"助阵。陈东称薛范是中外音乐与文学的桥梁。沈文忠把薛范喻为外国歌曲译配的旗帜、中外文化交流的艺术大使。

薛范通过与陶辛教授对话交流,向观众回顾、分享了自己译配生涯及感想。薛范音乐工作室合作伙伴——上海优乐艺术团的邱克、赵非、王宁芝、沈凯迪、毕妍、周灼焱等现场演绎他的多首译配名曲。分享会结束时,薛范与大家同声而唱《你鼓励我》。

这是薛范走出家门,最后一次出席面向上海、全国读者和音乐爱好者的活动。

第五节 "余生仍当继续努力"

偏食,滞夏,薛范与禾青同病相怜。两人食欲不振,以致贫血、低血糖、营养不良。在病痛中，薛范根据美国乡村教堂歌曲填词作《同唱欢乐歌》，可欢乐终究没能抵挡住病魔。2021 年 8 月，薛范被送进医院，经抢救，虚弱的他得以脱险。虽然他的生命真正进入了"倒计时"，但这年元月、7 月，他仍亲临老西门社区，出席"叶赛宁诗歌音乐会""吉他琴友专场音乐会"。

他似乎为歌而生，为歌而活。哪怕写不动了，躺在床上，他的思维和灵感仍在跳跃。"禾青，音乐剧，我来口述，你写。"他设计情节，选择歌曲，修改……他俩领取了结婚证，禾青不再仅仅是他事业的助手。薛范出院后，不愿让人注视"轮椅"的薛范，把自己的喜讯悄悄透露给前去探望的沈文忠副主席、上海翻译家协会范亚敏秘书长："我和小张把证领了。"

三幕十三场大型情景音乐剧《在歌声中走向未来》直到薛范去世前一个多月才定稿。薛范为自己的翻译歌曲音乐会，为这部音乐剧的筹资上演颇费心血。薛范编剧的《在歌声中走向未来》，由一首首俄苏歌曲相串连，它实现了薛范的新超越，也是薛范作别尘世的安魂曲。

"只要我在'银发'，合唱团一定支持你。"上海市总工会银发合唱团团长沈威东多次向薛范表示。沈威东深知，办音乐会离不开赞助，请专业歌手、租场子，都需要经费。要适应市场，而不是让市场适应你。薛范固执，不会"市场运作"。

2022 年 4 月 1 日，病榻上的薛范头发蓬松、两鬓掩耳。他满脸憔悴，左手抓着床架，右手拿起手机，收看屏幕上的消息：中国翻译协会第八次会员代表大会在京召开，薛范等八位翻译家荣获我国翻译界最高荣誉奖——"翻译文化终身成就奖"。

4 月 11 日，俄中友好协会、莫斯科华侨华人联合会、俄罗斯爱乐乐团在莫斯科主办"薛范创作晚会"。库利科娃在致辞中向观众讲述了薛范先生的传奇人生，称赞他把大量外国优秀歌曲翻译介绍到中国，将毕生精力奉献给了翻译事业，对文化交流做出巨大贡献。薛范也通过视频，用中文和俄文致谢。

《我亲爱的母亲》《纺纱姑娘》《莫斯科郊外的晚上》，歌声中，薛范似乎忘记了病痛。

瓦莲金娜，薛范的长沙铁粉。"薛范创作晚会"举行前，薛范请她制作一段视频，用以晚会上播放介绍薛范。为了找资料发给瓦莲金娜，薛范硬撑着起床、开电脑，力不从心……

他骨瘦如柴，胸前、后背，带状疱疹蔓延，疼痛难忍。长期卧床，又使他的股腿产生了褥疮。禾青每天为丈夫翻身、换药，触目惊心。薛范铁汉柔情，那天，他央求妻子："你抱抱我吧……能在你的怀里走，幸福。"

薛范音乐工作室的网站已很少更新，同名的视频号不时上传一首首外国歌曲：7月中旬，《你鼓励我》；8月初，《莫斯科郊外的晚上》；8月30日，《顿河好汉》。

8月4日上午，薛范在家中接受了中国翻译协会委托副会长查明建颁发的"翻译文化终身成就奖"。沈文忠副主席、上海翻译家协会会长魏育青等专程到场，祝贺薛范成为继草婴、任溶溶、郝运、王智量之后第五位获此殊荣的上海翻译家，并带去上海市文联夏煜静书记的关心、问候、祝贺！

在病榻上接受中国翻译协会颁发的"翻译文化终身成就奖"

上帝留给他的时日不到四周。他套上西装，努力用双手保持坐姿的平衡。他在领奖后的交谈中谈锋甚健地"复述"起歌曲译配，半个小时内他滔滔不绝唱着主角。"余生仍当继续努力"，四个月前他在获奖感言中说道。

有人曾问薛范"创作动力"，他答：没有什么动力。非要说动力，那就是太喜欢音乐了，"音乐是我生命的一部分，早已融入我的生活和生命，我不能想象哪天如果没有音乐，我的生活会是什么样子。音乐给了我安慰、信心、温暖和力量。每天和音乐对话，我觉得非常充实，幸福"。

8月11日,薛范获生前最后一份荣誉证书:"上海音乐出版社终身成就翻译家"荣誉称号。他已无法坐起,不得不躺着接受上海音乐出版社领导费维耀、孙宏达授奖。几个小时后,鲁向东抱起薛范,他被床单裹着上了救护车,送往附近的上海第九人民医院。

"以前抱他有点分量,最后几次感觉很轻很轻。"鲁向东心如刀绞。

在医院急症室,禾青第一次见薛范哭,哭得像孩子。经过抢救,他病情有所稳定。转入病房,薛范又哭了:"谢谢你,谢谢你又一次救了我。"

8月下旬,刘文炳拨通了薛范的手机,薛范"呜呜呜……"已讲不出话。刘文炳原本春节想去看薛范,还特意准备了红包。可疫情使两位老友没能见上最后一面。

病危中的薛范通过微信与友人相约:"这次如果我能活着出院,我们举办一场音乐会!"

8月31日,薛范与妻子聊叶利钦、普京,聊刚去世的戈尔巴乔夫,他还在收看手机新闻。"我很累,想睡了。"晚上他没吃什么。

禾青也睡得很沉,平时薛范会吃点饼干,这晚他没叫禾青。

早上六七点,该洗脸了,薛范仍在睡。禾青连忙找医生:"今天薛老师一直睡不醒。"他戴上了吸氧面罩,医生对禾青说:"这次不一定过得去,领导、亲属能来的都来吧。"

得知消息,他的亲人、沈文忠副主席等做了核酸测试匆匆赶来了。下午,薛范的呼吸变弱了。沈文忠沉痛地走出医院大门,心力交瘁。

2022年9月2日21时31分,薛范的呼吸永远终止了。

"他太痛苦了!离开,对他是解脱。即使普普通通的人,度过一生都不容易。"对于薛范的离去,禾青一度"想不通"。想到这,她终于接受了现实。

噩耗传来,薛范音乐工作室微信群一片哀悼。著名翻译家冯春告慰薛老:"您的音乐会长存在人们的心中!"

栾鹏祥第一时间赶往薛家,见到禾青,两人泪如雨下、放声大哭。

近30年前,千余名上海作家为薛范高歌《莫斯科郊外的晚上》。当年把薛范送到会场主席台的赵丽宏、毛时安记忆犹新。

上海市作家协会副主席赵丽宏的散文《回忆》,描写了他和两个朋友"躲在一间没有窗户的黑屋子里",欣赏匈牙利作曲家法兰兹演奏小提琴曲《回忆》的唱片："那是曲折委婉的心曲，不绝如缕，丝丝入扣地注入我的灵魂。"

有一次，赵丽宏偶然与薛范聊起音乐，聊到小提琴曲《回忆》，薛范对《回忆》及其作曲者法兰兹的了解，令赵丽宏十分佩服。在中国，法兰兹的知名度与同为匈牙利作曲家的李斯特、巴托克等不可同日而语。

"薛范先生在中国的文学界、音乐界和翻译界，都是独一无二、无可替代的存在。"中国文艺评论家协会原副主席毛时安评价，"中国的艺术爱好者通过他的翻译，得以接近世界声乐宝库。薛范的贡献很卓越，无人替代。他忍受孤独、寂寞，孤守空房、孤守长夜，远离世界，一人伴着歌曲一路走来，空前绝后。"

"我深深地感激他。在我人生最灰暗痛苦的时候，是他翻译的世界名曲拯救了我的灵魂。"毛时安说。他青年时期学会了唱很多外国歌曲，多少年后才知这些歌都出自薛范译配之手。18岁到28岁，毛时安个人情感被压抑，同时自己很迷茫，看不到前途和未来，不知道未来人生的归宿在哪里。他那时慰藉自己孤独、迷茫的，就是文学、美术、音乐，通过音乐，宣泄、排遣苦恼、忧伤。他住在鞍山新村，常常一个人晚上在阳台上唱歌，一首接一首，《鸽子》《莫斯科郊外的晚上》。后来得到一本《外国民歌二百首》，学校毕业时，同学刻印了一本歌曲集。"人即使处于文化沙漠时代，也有对文化的渴望与追求。因为荒芜的心灵需要水分和养料。""他用自己的歌曲翻译参与了一个时代的历史进程，用他的翻译见证了一个时代的发展和进步，又以他的歌曲翻译深刻影响了中国的几代文学艺术爱好者。"

毛时安把身残志坚的薛范视为真正的大写的"人"、一个文化上的"英雄"。

薛范的北京歌友晓林在悼念他时回忆，从俄罗斯回到北京，薛范与同行的晓林聊到白夜。薛范表示，《莫斯科郊外的晚上》中曾引起异议的"长夜"表达有所不妥。固执的薛范并不隐晦，晓林更为敬佩。

库利科娃也把薛范视为"亲爱的朋友"和"最卓越的英雄之一"：您的豪情和热爱生活令我无限钦佩。

……

"将来我不在了，我翻译的歌如果人们还在唱，那我就活在他们心中，我满足了。"

在这个世界，苦难与幸福、黯淡与辉煌永远交织并存。

只要有音乐、只要有歌声，我们仍会遇见奇迹，我们依然拥有薛范！

附　录

　　音乐是我生命的一部分，早已融入我的生活和生命，我不能想象哪天如果没有音乐，我的生活会是什么样子。音乐给了我安慰、信心、温暖和力量。每天和音乐对话，我觉得非常充实，幸福。

——薛范

从艺大事记

1934 年　　9 月 21 日生于上海,汉族,祖籍浙江慈溪。本名:闻声远;笔名:薛范。2 岁患脊髓灰质炎(小儿麻痹症)。

儿时就读萨坡赛小学(淡水路小学)。

1949 年　　敬业中学初中毕业,考入震旦大学附属中学。

高二在上海《青年报》发表诗歌。创作的广播剧《祖国,我为了你》,由华东、上海人民广播电台"青年节目"播出。

1952 年　　8 月,参加新中国首次全国统一高考。考取上海俄文专科学校。

9 月 1 日,因下肢严重瘫痪而未能如愿入学。从此走上自学之路。

1953 年　　7 月,在《广播歌选》发表翻译歌曲处女作《和平战士之歌》。

不久,又按广播乐团指挥要求,与大家译配了苏联音乐喜剧片《春》插曲——混声合唱《春天进行曲》。

1955 年　　5 月至次年 6 月,音乐出版社相继出版三集《苏联歌曲集》。其中第一和第三集由薛范编译。

从俄语转译的多首诗歌,被北京《译文》杂志刊发。

接受脊椎侧弯矫正手术。

1957 年　　7 月,《我们手挽手、心连心》、成名作《莫斯科郊外的晚上》由上海《广播歌选》首发。

9 月,北京《歌曲》刊载五线谱版《在莫斯科郊外的晚上》。

《西方古典歌曲集》出版。

11 月,《苏联歌曲汇编》(第一集)出版。

1958 年　　4 月,《拉丁美洲歌曲集》付梓。

5 月,薛范译配的《西洋古典合唱曲集》(第一集)由音乐出版社出版。

8 月,《杜那耶夫斯基歌曲集》出版。

12 月,《苏联歌曲汇编》(第二集)出版。

1959 年　　5 月,《世界歌曲》(第一集)由上海文艺出版社出版。

7月,《世界歌曲》(第二集)出版。

8月,《1917—1957苏联优秀歌曲选(1)》出版。

11月,《世界歌曲》(第三集)出版。

1960年　4月,《苏联歌曲汇编》(第三集)出版。

1973年　为朝鲜歌剧《卖花姑娘》配中文歌词。

1981年　12月,《外国电影歌曲选集》由中国电影出版社出版。

1984年　与崔杰、志光、向宇编译的《新译外国名歌120首》出版。

　　　　9月,小说《凭谁问》在合肥《大江》杂志发表,署名"嵇志默"。

1985年　小说《浪拍采石矶》在《小说天地》发表,署名"嵇志默"。

　　　　《新译外国名歌120首》(续编)出版。

1986年　薛范译配的欧美流行歌曲专辑(盒带)《妈妈》,由上海文化录音录像中心出版,上海学生歌手刘蕾演唱。

1987年　《1917—1987苏联歌曲佳作选》编译出版。

1988年　3月27日,为《1917—1987苏联歌曲佳作选》出版,薛范策划的苏联歌曲演唱会,由上海乐团演出于上海音乐厅。这是中苏关系解冻后,在中国举行的第一场苏联歌曲音乐会。苏联驻沪总领事、副领事、文化专员、新闻专员等出席音乐会。

1989年　《最新苏联抒情歌曲100首》和《苏联最新电影歌曲100首》译配出版。

　　　　薛范译配的专辑(盒带)《奥斯卡金像奖电影歌曲荟萃》由上海音像公司出版。

1990年　薛范译配的拉丁美洲歌曲专辑(盒带)《吻别》由上海音像公司出版。

1991年　编译出版《中外名歌大全》(2)。

1992年　2月,编译的《奥斯卡金像奖电影歌曲荟萃》由上海音乐出版社出版。

1994年　珠海雅卓音像公司出版《中俄两唱卡拉OK影碟》,由薛范选定曲目并担任艺术顾问。

　　　　4月,应北京电视台之邀,担任"梦里情怀"特邀嘉宾。

　　　　5月1日,中央电视台一套"文艺广角·五一特辑"及5月11日

"东方时空·东方之子"播出"薛范专访"。这是中央电视台最早的有关薛范的两次报道。

8月18—19日,薛范策划并出任顾问的"莫斯科之夜"音乐会,由上海爱乐合唱团上演于上海商城、上海音乐厅;8月25—27日演出于北京音乐厅和天津音乐厅。这是苏联解体后,在中国举行的第一场苏联歌曲音乐会。

11月19—20日,薛范策划并出任顾问的"伏尔加之声"音乐会,由中央乐团合唱团上演于北京音乐厅。这台音乐会在两个多月内共演出了23场,观众达3万人次。

1995年　薛范策划并任艺术顾问的"经典风情系列唱片",由中国唱片上海公司出版。

5月7日,上海电视台"纪录片编辑室"栏目拍摄的《薛范的歌》播出。该片后在全国电视纪录片评比中获二等奖。

11月27日,编译出版的《苏联歌曲珍品集1917—1991》隆重发行。薛范策划并出任顾问的"苏联歌曲珍品音乐会",由中国爱乐男声合唱团上演于北京音乐厅,俄罗斯驻华大使、公使、参赞和正在我国访问的俄罗斯政府高级代表团成员出席音乐会。罗高寿大使对薛范40多年来在中国传播和推广苏联歌曲给予高度评价。

11月30日,获俄罗斯联邦政府和俄罗斯国际科学文化合作中心颁发的荣誉证书。

1996年　名列伦敦剑桥的《国际名人辞典》。

策划并担任艺术顾问的俄苏歌曲专辑CD唱片《白桦》由中国电影出版社出版。

编译出版《世界电影经典歌曲500首》。7月31日,薛范策划并出任顾问的"世界电影经典歌曲"音乐会,由中央乐团合唱团首演于北京音乐厅,其中半场是苏联电影歌曲。

7月,为中央电视台筹划的两套苏联歌曲节目——《伏尔加的回忆》《红莓花的诉说》播出。

1997年　3月,赴杭州,出席杭州经济电台主办的"薛范歌友联谊会"。赴昆明,参加由郑好、曹竞、方持平等筹划的两场俄苏歌曲广场音乐会。

4月末至5月初,俄军红旗歌舞团第三次访华。4月23日在上海,薛范译配的《雪球花》《莫斯科郊外的晚上》等俄苏歌曲一次次在晚会演唱。随同歌舞团在中国巡回演出的俄罗斯驻华大使馆参赞、俄中友好协会副主席库利科娃称赞薛范"使这些歌曲在中国大地上获得第二次生命",并发出"所有俄罗斯人向您深深鞠躬致敬,感谢您为促进俄中两国人民的相互了解和友谊所付出的坚毅卓绝的劳动"的心声。演出谢幕时,红旗歌舞团邀请薛范上台,指挥、歌唱家、合唱队、乐队和舞蹈队分别向薛范献花。

11月10日,俄罗斯联邦总统叶利钦在北京亲自授予薛范"友谊勋章"及荣誉证书。

编译出版《俄语名歌88首》《英汉对照爱情歌曲精选》《俄罗斯民歌珍品集》。

1998年

1月19日,受聘为中国俄罗斯友好协会全国理事。

5月2日,薛范策划并出任顾问的"红莓花儿"俄苏歌曲音乐会,由上海电视台艺术团演出于上海广电大厦,俄罗斯大使馆参赞库利科娃,俄罗斯驻沪总领事、副领事等应邀出席了音乐会。

编译出版《世纪之声(九)·外国影视歌曲》《世纪之声(十)·世界合唱歌曲》。

9月,受聘为上海师范大学客座教授。

名列印度新德里的《亚太名人录》。

1999年

1月29—31日,中国文联、中国音协、中国译协、北京剧院和音乐周报在北京剧院联合推出四台"译海歌潮——薛范翻译作品系列音乐会",由中国国家交响乐团合唱团、中央歌剧舞剧院、"八只眼"男声四重唱组及北京五个业余合唱团担纲演出。这是我国第一次为一位翻译家举办音乐会。

7月9日,赴重庆,出席重庆电视台"龙门阵"栏目的谈话节目:"薛范和苏联歌曲"。

7月17—18日,赴广东中山市和珠海市,出席由中山市乐力合唱团和珠海市群众艺术馆合唱团举办的"薛范翻译作品合唱音乐会"。

10月5日和6日,在中俄建交50周年、中俄友协成立50周年之际,获两国政府授予的"中俄(俄中)友谊"纪念奖章及荣誉证书。

10月8日下午,为祝贺中俄建交50周年,在北京国家图书馆举行了"友谊地久天长"俄苏歌曲专场音乐会,薛范策划并担任顾问。由北京民间合唱团联袂演出,中国人民对外友好协会会长和俄罗斯驻华大使馆官员出席音乐会。

编译出版《俄罗斯和苏联合唱珍品集》。

| 2000 年 | 名列美国《世界名人录》。 |

2001 年　编译出版《重访俄罗斯音乐故乡——俄罗斯名歌100首》(俄汉对照)、《奥斯卡歌曲》。

2002 年　总结50年译配歌曲心得和经验的理论专著《歌曲翻译探索与实践》出版。这是我国第一本也是迄今为止独一无二的有关歌曲翻译的理论著作。

2月2—3日,出席由四川省文化厅主办、在成都锦城艺术宫举行的世界名歌音乐会和俄罗斯名歌音乐会。

6月1日,在上海音乐厅,上海茉莉花合唱团、春天少年合唱团、育才中学管弦乐队演出"全新的世界——世界名曲专场音乐会",王燕、徐亮亮指挥。演出曲目:《夜的音乐》《正是我所盼》《回忆》《音乐之声》《道别》《全新的世界》《啤酒桶波尔卡》《思故乡》《没人要的孩子》《西班牙女郎》等。这台音乐会成为次年祝贺薛范翻译生涯50年系列活动的先声。

2003 年　1月,编译出版《外国合唱精品选萃》。

2月17日,中央电视台文艺频道播出"激情广场",薛范作为特邀嘉宾出场。

10月18日,"薛范翻译生涯50周年祝贺音乐会"在上海鲁迅公园拉开序幕。鲁迅公园135歌队、佳音合唱团等演出。

11月,《莫斯科郊外的晚上——薛范50年翻译歌曲精选珍藏本》出版。

12月4日晚,北京中山公园音乐堂举办"薛范先生翻译作品50年专场音乐会"。春之声合唱团演唱,著名指挥家秋里、许知俊指挥。薛范亲临音乐会现场。专场音乐会演唱了全部由薛范译配的俄罗斯、法国、意大利、英国、美国、古巴、保加利亚、朝鲜等国作品,有《黑龙江之波》《鸽子》《月亮河》《渴望你的爱抚》《莉莉·玛琳》《温柔的爱》《我心昂扬》等。

12月5日,受聘为北京科技职业学院客座教授兼北科艺术团艺术顾问。

12月13日下午,"祝贺薛范先生译配生涯50周年音乐会"在北京国图音乐厅举行。童心、新世纪、海燕、布谷鸟4家业余合唱团联袂推出。音乐会后,为刚出版的《莫斯科郊外的晚上——薛范50年翻译歌曲精选珍藏本》签名售书。

12月15—21日,第二次赴昆明。昆明当地10个合唱团联袂举行了3台名为"你我永不忘"的音乐会。由云南省歌舞剧院附属合唱团、云南省高校教授合唱团、云南师大附中校友合唱团、昆明老战士合唱团演唱《莫斯科郊外的晚上》等薛范译配的世界各国歌曲。

2004 年

1月,编译出版《当我们年轻时光——英文名歌100首》(英汉对照)。

3月5日,湖北卫视"往事"栏目播出了薛范访谈——"生命的乐章"。

4月3日、4月5日,澳门特区和珠海先后举行"莫斯科郊外的晚上——薛范翻译生涯50周年音乐会"。珠海室内合唱团、珠海金路女子合唱团等演唱了20余首世界各国经典名曲。薛范亲临音乐会,向观众解说每首歌曲的创作背景。

4月30日晚,"薛范翻译生涯50周年祝贺音乐会"在武汉剧院举行。武汉歌舞剧院武汉之声合唱团、武汉群星合唱团、武汉乐团演出了《春风吹绿山冈》《雪球花》《燕子》《鸽子咕咕》《手拉手》《爱情是蓝色的》《道别》《正是我所盼》等。

6月13日,在薛范译配生涯50周年之际,中央电视台音乐频道播出"音乐人生"特别节目"薛范访谈录",主持人朱军。哈军工校友合唱团等4个合唱团在拍摄现场演出。

11月,与李凌先生合编的《名歌经典》(外国卷)大型丛书由中国国际广播出版社出版。

12月28日,新浪UC"莫斯科郊外"语音室、"歌剧沙龙"语音室,碧聊"朗诵爱好者"语音室在网上联合举办"2005年新年音乐会暨薛范先生译配作品朗诵演唱会"。薛范作为特邀嘉宾登录,并通过音频和视频网络与各地网友交流。

2005年　薛范编译的《警钟长鸣,珍爱和平——世界反法西斯歌曲100首》由安徽文艺出版社出版。

4月23日,由薛范策划并担任顾问的同名音乐会在北京的国家图书馆音乐厅举行,由童心、新世纪、哈军工校友和卡林卡合唱团演出。中国人民对外友协陈昊苏会长,俄罗斯驻华大使馆公使、参赞等出席了音乐会。

7月11日,受聘为第四届中国俄罗斯友好协会全国理事。

9月,获中国翻译协会"资深翻译家"荣誉称号。

9月10日,香港凤凰卫视"鲁豫有约"播出了薛范访谈"乘着歌声的翅膀"。

这年除《警钟长鸣,珍爱和平》一书之外,还有《欧美音乐剧名曲选萃》、《雪绒花——快乐少儿英语歌曲精选》(与禾青合编)、《世界通俗合唱珍品集》(五线谱版4册)出版。另外,由郭鹏、张旭编著,上海音乐出版社出版的《外国音乐剧独唱教程》(上、下册)中的全部曲目,也都由薛范译配。

2006年　1月14日,应邀赴哈尔滨出席第二届黑龙江文化艺术之冬"俄罗斯经典歌舞晚会",并担任艺术顾问。

5月,人民音乐出版社出版了薛范编译的《世界通俗合唱珍品集》(简谱版)共4册。

5月4日,中国教育电视台"燃情岁月"栏目播出了薛范访谈——"轮椅上的翻译家"。

5月7日和14日,天津卫视"中国人"栏目播出了专题片:"歌者薛范"。

6月12—29日,中央电视台音乐频道播出《岁月如歌》俄苏经典歌曲系列节目14集,由薛范担任顾问。

10月21日,新加坡友谊合唱团成立七周年,举行"与薛范同行——俄罗斯歌曲赏析音乐会",特邀薛范担任嘉宾主持。出席音乐会的除新加坡的文化官员,还有中国和俄罗斯驻新加坡使馆的官员。

2007年　　　1月,薛范、禾青编译的《世界少儿合唱珍品集》出版。

4月11、18、25日和5月2日,中央电视台音乐频道"民歌经典"栏目分4次播出《感动俄苏经典民歌》,薛范应邀担任该节目的音乐顾问。

5月26日,江苏盐城师范学院、盐城市音乐家协会联合主办"俄苏歌曲专场音乐会"。这是我国首场以年轻大学生为主体的俄苏歌曲音乐会。薛范应邀担任音乐会特邀顾问,并在盐城师范学院为师生们做了音乐欣赏讲座。

6月20—6月29日,应俄中友好协会和莫斯科中俄文化交流中心的邀请,作为俄罗斯"中国年"的一项活动,赴圣彼得堡和莫斯科作为期10天的友好访问。同行的有"莫斯科郊外"语音室代表团。薛范一行19人在圣彼得堡参观了冬宫埃尔米塔什博物馆、阿芙乐尔号巡洋舰、列宁格勒围城纪念馆,拜谒了作曲家索洛维约夫-谢多伊故居;在莫斯科参观了克里姆林宫、特列佳柯夫艺术博物馆、列宁陵墓、哥尔克村列宁纪念馆、新圣女公墓以及俯首山的伟大卫国战争纪念馆,并在无名战士墓前默哀、致敬、献花。6月25日,莫斯科国立社会大学校长茹柯夫院士代表俄罗斯联邦政府,授予薛范"尼·奥斯特洛夫斯基金质奖章"。当日下午,薛范参观了奥斯特洛夫斯基纪念馆。在莫斯科期间,薛范还拜访了俄罗斯作曲家协会,会见了作曲家巴赫慕托娃夫妇。会见了俄中友协老战士、中国驻俄罗斯大使馆代表、中国企业界代表和中国留学生,并接受了俄罗斯国家电视台和中国驻莫斯科媒体的联合采访。

8月26日，上海卢湾区打浦桥文化活动中心声乐沙龙举办"薛范翻译作品音乐会"。特邀薛范担任顾问。

10月3日和4日，上海歌剧院和上海歌剧交响乐团在上海音乐厅演出"红莓花儿开——俄罗斯作品音乐会"。

10月，由上海文化发展基金会资助、薛范编译的《俄苏名歌经典1917—1991》和《俄苏歌曲佳作选》，由上海音乐出版社出版。这两本书是目前中国出版的最完整、最有代表性，兼有文献价值和史料价值的国别歌曲集。

11月7日，在北京基辅餐厅揭幕的"俄苏友谊文化周"活动上，薛范新书首发式举行。

11月23日，在"莫斯科郊外"语音室举行网上新书发布会。

11月28日，新书发布会在上海市文艺会堂举行，主办单位为上海翻译家协会、上海音乐家协会和上海音乐出版社。上海各新闻媒体、上海市委宣传部副部长陈东、俄驻华领馆副总领事柏德福、上海文联以及上海文化发展基金会负责人等出席。

12月17日，收到温家宝总理复信，信中说："你在十分困难的情况下，为我国的音乐艺术事业和中外文化交流做出了贡献。我深为你身残志坚、不懈奋斗的精神所感动。你的艰辛劳动是应该得到社会尊重的，你的无私奉献精神是值得人们学习的。我向你致敬，并祝你继续取得新的成就。"

2008年　3月1日至5月31日，薛范在"俄罗斯旋律"语音室举办"《俄苏名歌经典》欣赏讲座"，共10讲。

2009年　2月，编译出版《世界通俗名歌选粹》。

6月5—13日，出席在西安举行的三场"薛范译配世界名曲合唱音乐会"。这台音乐会由陕西省歌舞剧院的国家一级指挥焦望曾策划并亲自担任指挥，西安星海合唱团、陕西三线学兵合唱团担任合唱。薛范应邀担任艺术顾问。薛范还应邀在西安交通大学、西安音乐学院、陕西省委工委主讲了俄苏歌曲翻译和欣赏。

6月10日，受聘西安音乐学院西北民族音乐研究中心客座研究员。

2009 年是中国的"俄语年",中国举办"中国人唱俄语歌大型选拔活动"。受"选拔活动组委会"的委托,推荐了参赛曲目 100 首,并编选成《情动俄罗斯》歌曲集,由中国国际广播出版社 8 月出版。

8 月,薛范编译的《意大利名歌选萃》出版。

9 月底,俄中友好协会代表团访问中国,参加新中国成立 60 周年和中俄建交 60 周年庆典活动。代表团向薛范递交了"祝寿函",并授予"为发展俄中关系功勋章"。这是薛范第五次获得俄罗斯方面的褒奖。

10 月,应哈尔滨师范大学音乐学院的邀请,出席 10 月 10—11 日在哈尔滨举行的"2009 中国哈尔滨中俄音乐文化国际学术研讨会",并在会上宣读《俄罗斯和苏联歌曲在中国的传播》为题的论文。

2010 年　　8 月,薛范主编的《乌克兰歌曲选集》(简谱·五线谱版)由北京基辅罗斯餐厅资助、中国国际广播出版社出版。这是在中国翻译出版的第一本乌克兰歌曲集。

9 月,为配合俄罗斯的"汉语年"活动,薛范主编的汉俄双语版《中国名歌选集》(五线谱)由哈尔滨师范大学音乐学院资助、人民音乐出版社出版。国务委员刘延东就此回信:"感谢你长期以来为推动中俄友谊和文化交流所做的工作和努力。"

2011 年　　2 月 5 日(春节年初三),上海东方艺术中心的音乐普及讲座推出新年特别版,讲题为《莫斯科郊外的晚上——当代俄苏歌曲赏析》,由薛范主讲。

10 月 14 日起,上海师范大学行知合唱团的"俄罗斯歌曲合唱专场音乐会"在长江三角洲的常州、泰州和合肥巡演,指挥王瑾。11 月 5 日行知合唱团在上海东方艺术中心演出;12 月 30 日巡演在上海音乐学院贺绿汀音乐厅落下帷幕。这是又一台完全由大学生演出的俄苏歌曲音乐会,在社会上反响热烈。音乐会由薛范和徐朗策划并担任艺术顾问。薛范随同合唱团巡演,并担任讲解。

11 月 15 日,上海师范大学音乐学院小音乐厅举行"沈青师生声乐作品音乐会"。上海师范大学客座教授薛范担任艺术顾问。

2012 年 4 月 28 日至 7 月 7 日,由上海翻译家协会和黄浦区文化局主办、薛范主讲的《苏联早期音乐故事片鉴赏讲座》,在黄浦区半淞园路街道社区文化活动中心举行。讲座共有 10 讲(历时 10 周),薛范讲解并播放了苏联 20 世纪 30—50 年代的 10 部影片:《大马戏团》《光明之路》《幸福的生活》《我们好像见过面》《忠诚的考验》《忠实的朋友》《狂欢夜》《心儿在歌唱》《少女的春天》和《青年时代》。

5 月 29 日,"九九关爱网""老小孩网"的部分爱好俄苏歌曲的网友,在上海市青浦大千生态庄园举办"翻译家薛范从事俄苏歌曲翻译工作 60 年纪念·俄苏歌曲演唱见面会",薛范应邀参加联欢活动。

6 月,受聘于亚洲联创(上海)文化发展有限公司和英国真正好集团,担任音乐剧《猫》中文版的"歌词翻译高级顾问"。8 月,中文版《猫》剧在中国正式公演。

7 月 21 日,由中共上海市委宣传部、上海市社联和上海市文联主办的"东方讲坛·经典艺术系列讲座"——《金色旋律·俄苏歌曲音乐赏析》,在上海音乐学院贺绿汀音乐厅举行,薛范主讲。

10 月 6 日,应邀在上海东方艺术中心音乐普及讲座主讲《俄罗斯民歌与交响乐联姻》。

12 月 4 日,中国国家交响乐团"中国之声·2013 年新年音乐会"在北京音乐厅举行新闻发布会,薛范作为特邀嘉宾出席。

2013 年 4 月 13 日,参加上海市作家协会在上海图书馆举办的"海上心声"诗歌朗诵会。

4 月 14 日,由中央电视台"百年歌声"栏目组制作的《重逢——俄罗斯经典歌曲演唱会》,在音乐频道首播。演出的作品,除了保持原作的风格和韵味以外,还对某些作品的演唱方式和配器作了新的改编,加入了现代音乐的元素。演员除了老一辈著名歌唱家杨洪基、刘秉义、刘跃、蒋大为、关牧村,还有吴碧霞、戴玉强、廖昌永以及历届全国青歌赛的获奖歌手杨阳、薛皓垠、郝幸娃、斯琴格日乐、降央卓玛、曹芙嘉、阿鲁阿卓、阿普萨萨等。薛范任这台音乐会的顾问。

5月8日,华东师范大学白俄罗斯研究中心举办了主题为"回顾历史,展望未来"的开放日活动,薛范应邀出席。

8月24日,乌克兰文化交流中心在上海举行揭幕典礼,薛范应邀出席。

10月24日,由上海文化发展基金会资助、上海音乐出版社出版的《薛范60年翻译歌曲选》首发仪式,在上海文艺活动中心举行。上海市文联副主席兼秘书长沈文忠、上海音乐家协会秘书长郭强辉、上海翻译家协会会长谭晶华、上海音乐出版社社长兼总编辑费维耀等出席。

10月30日,庆祝薛范翻译生涯60周年系列活动再掀高潮。上海市文联、上海音乐家协会、上海翻译家协会等举办"流淌心底的歌——祝贺薛范翻译生涯60年音乐会"。在上海音乐厅,张峰、熊郁菲、许依芸、李再耀、周琛、王铎、周杨、吴波等歌唱家以及合唱团,演唱了薛范译配的世界各国名曲23首,有《莫斯科郊外的晚上》《当我们年轻时光》《草帽歌》《苏丽珂》《鸽子》《你鼓励我》《玫瑰人生》《莉莉·玛琳》《西班牙女郎》《啤酒桶波尔卡》《正是我所盼》《回忆》等。音乐会在意大利名曲《道别》的歌声中结束。

11月9日,由民间乐团——上海腾韵交响乐团演出的"薛范翻译世界名曲专场音乐会",在上海音乐学院贺绿汀音乐厅举行。

11月23日,上海工商外国语学校和上海新时代文化交流中心联合主办,6家业余合唱团共同演出的"不问收获,但问耕耘——薛范60年翻译歌曲演唱会",在上海工商外国语学校大礼堂举行。

12月4日,由上海老年大学徐汇分校和徐汇区老年大学合唱团联合主办的"薛范60年翻译作品音乐会",在上海市徐汇区业余大学多功能厅举行。

2014年　2014—2015年为"俄中青少年友好交流年",由俄罗斯中小学生组成的"金龙艺术团"于3月26—29日访问上海,薛范作为特邀嘉宾出席观看"2014美丽梦想"中俄友好联合演出。

11月28日,上海黄浦区文化局、黄浦区半淞园路街道主办的"淞园之韵社区文化节·薛范翻译作品音乐会"，在上海市黄浦区三山会馆古戏台举行，由上海腾韵交响乐团和半淞园社区合唱团演出。

2015 年　3 月 14 日至 4 月 25 日，为纪念世界反法西斯战争胜利暨苏联卫国战争胜利 70 周年，由上海翻译家协会和黄浦区文化局主办、薛范主讲的《苏联"二战"题材故事片鉴赏系列讲座》，在黄浦区半淞园路街道社区文化活动中心举行。讲座共有 8 讲（历时 8 周），薛范讲解并播放了苏联 8 部影片：《区委书记》《士兵之歌》《星星敢死队》《命令：越过国境线》《但丁街凶杀案》《五天五夜》《一个人的遭遇》和《历史的教训》。

4 月 18 日，由中共上海市委宣传部、上海市社联和上海市文联主办的"东方讲坛·经典艺术系列讲座"——《向那伟大的年代致敬·世界反法西斯战争歌曲鉴赏》，在上海音乐学院贺绿汀音乐厅举行，薛范主讲。

5 月，薛范策划并担任顾问的"向那伟大的年代致敬·纪念世界反法西斯战争胜利 70 周年欧美专场音乐会"，于 5 月 8 日"欧洲解放日"在上海市市八中学、5 月 9 日"苏联卫国战争胜利节"在上海市大同中学举行。黄浦区教工合唱团、王述合唱团、乐扬音乐沙龙女声合唱团和市八中学、大同中学合唱团演出了 25 首欧美各国和苏联歌曲。上海市文联、音乐家协会、翻译家协会领导，俄罗斯和白俄罗斯驻沪总领事应邀出席了音乐会。

8 月 19 日，薛范策划并担任总监制的 DVD《向那伟大的年代致敬·世界反法西斯经典歌曲专辑》由上海音像出版社出版，并在"2015 上海书展"开幕日举行首发式。

2016 年　3 月 27 日，上海市委宣传部向薛范等颁发上海市"纪念中国人民抗日战争暨世界反法西斯战争胜利 70 周年"主题宣讲特别贡献奖。

2017 年　3 月 24 日，亚洲文化艺术家联合会在上海成立，薛范受邀成为会员。

6 月 8 日，亚洲文联授予薛范"文化艺术和平卫士"荣誉称号。

8月上旬,手术后出院不久,即应邀出席第二届哈尔滨中俄文化艺术交流周活动,并作学术报告。

9月8日夜晚,"你鼓励了我——薛范译配世界名曲音乐会"在上海音乐学院贺绿汀音乐厅举行。

9月17日,上海翻译家协会和长宁区图书馆共同举办第二十三期"上海译家谈:译家—读者文学沙龙",薛范为读者们作《蝙蝠属于飞鸟还是地鼠? ——漫说"外国歌曲的翻译"》精彩讲座。

10月,薛范主编的《白俄罗斯歌曲选集》由上海音乐出版社出版。这是在中国翻译出版的第一本白俄罗斯歌曲集。10月19日,在华东师范大学白俄罗斯研究中心举行了新书首发仪式,白俄罗斯驻沪总领事马采利向薛范颁发了由白俄罗斯文化部长签署的"白中文化交流杰出贡献奖状"。

11月,薛范和吴钧陶、潘庆舲、娄自良、冯春、葛崇岳、张秋红,获上海翻译家协会颁发的"特别贡献"奖。

11月8日,出席上海翻译家协会主办的第二十六届金秋诗会开幕式。

2018年　10月,接受上海人民广播电台专访。

2019年　2月16日,上海文化艺术界联合会举行第八次代表大会,大会向薛范等33位文艺家授予"荣誉委员"称号。

6月5日,"中俄互评人文交流领域十大杰出人物"活动,在莫斯科大剧院揭晓。俄中友好协会第一副主席、资深汉学家库利科娃,音乐学家、翻译家薛范等上榜。

9月20日下午,在光明日报社代表陪同下,俄罗斯塔斯社代表团在薛范音乐工作室为薛范授"中俄互评人文交流领域十大杰出人物"奖。俄罗斯驻沪总领事,上海市文联、上海翻译家协会、上海市老年基金会代表等出席颁奖式。

2020年　2月,收到俄罗斯驻沪总领馆请求,译配《中国人民必胜》。在各地网友支持下,《中国人民必胜》完成了打谱、录唱、合成、视频制作。

7月,上下两大册《薛范60年音乐文论选》终于出版,字数逾百万。

8月16日,"从《莫斯科郊外的晚上》归来——《薛范60年音乐文论选》分享会"在上海图书馆报告厅举行。上海市委宣传部原副部长、上海文化发展基金会理事长陈东,上海市文联专职副主席、秘书长沈文忠,上海音乐出版社副社长、副总编辑刘丽娟等出席。陈东称薛范是中外音乐与文学的桥梁。沈文忠把薛范喻为外国歌曲译配的旗帜、中外文化交流的艺术大使。

薛范通过与陶辛教授对话交流,向观众回顾、分享了自己译配生涯及感想。薛范音乐工作室合作伙伴——上海优乐艺术团的邱克、赵非、王宁芝、沈凯迪、毕妍、周灼焱等现场演绎薛范的多首译配名曲。分享会结束时,薛范与大家同声而唱《你鼓励我》。

2021 年	元月、7 月,亲临老西门社区,出席"叶赛宁诗歌音乐会""吉他琴友专场音乐会"。
	8 月,病重入院。
2022 年	4 月 1 日,中国翻译协会第八次会员代表大会在京召开,薛范等八位翻译家荣获我国翻译界最高荣誉奖——"翻译文化终身成就奖"。
	4 月 11 日,"薛范创作晚会"在莫斯科举行。库利科娃在致辞中讲述了薛范先生的传奇人生,称赞他将毕生精力奉献给翻译事业,对文化交流做出巨大贡献。薛范通过视频,用中文和俄文致谢。
	8 月 4 日上午,薛范在家中接受中国翻译协会委托副会长查明建颁发的"翻译文化终身成就奖"。沈文忠副主席、上海翻译家协会会长魏育青等专程到场祝贺,并带去上海市文联夏煜静书记的关心、问候、祝贺!
	8 月 11 日,在病床上接受"上海音乐出版社终身成就翻译家"荣誉称号。之后即入院治疗。
	9 月 1 日,再度病危。亲人、有关领导到医院探望弥留之中的薛范。
	9 月 2 日 21 时 31 分,在医院病逝,享年 88 岁。

后记

薛范先生最终同意采写他的传记,那一刻,他的机体运行仅剩八个多月。"我看不到这本书了",他轻声对我自言自语。像感喟,似鞭策。

"您肯定能看到!"我带着肯定的语气,告诉病中的薛老,安抚、承诺兼而有之。

他的直觉向来灵敏。不久,病毒传播渐盛,预定的各项采访断断续续。

2022年七八月间,几次前往探望薛老,或短暂的"闲聊",或听他思路清晰地谈歌曲译配。尽管他依然对"轮椅车"很少提及,但我已"心满意足"。

薛老远行这天,时任市文联专职副主席、秘书长沈文忠傍晚来电:"薛老的传记,哪怕三五万字也要写出来……"他简单讲述着去医院与弥留之际的薛范道别的情景,我们竟然都失声呜咽了。没有沈副主席的激励,我怕难以一次次投身痛楚,坚持于电脑键盘。

薛老的老友、同好刘文炳、殷立民、林志豪、李越常、鲁向东,他的忘年交、上海炎黄书画院副院长兼秘书长陈志强等,为我部分"还原"了20世纪五六十年代以来有血有肉的薛范,素材十分宝贵;还要感谢的是,著名文艺评论家毛时安、上海市作家协会副主席赵丽宏接受采访,以及著名翻译家冯春、上海翻译家协会原秘书长邵正如,著名合唱指挥家赵家圭、王瑾,歌唱家王务荆,上海银发合唱团沈威东团长等的专业点拨及史料提供;黄浦区档案局王炳浩副局长热心查实薛范旧居,并提供了不少难得的资料;上海文学艺术院院长胡凌虹、文献部主任陈志强,上海翻译家协会原秘书长、现上海市曲艺家协会秘书长范亚敏一次次穿针引线,颇费周折……

2024年春节期间,我闭门谢客,埋头冲刺。当终于可以告慰薛老时,我如释重负,深感荣幸!在短短几天里,两位编审司徒伟智、徐姓民老师就给出了审读意见。尤其是司徒老师,腰疾卧床,抱病审稿,令人感动。

要感谢的,还有很多,恕不能一一道来。

薛老的歌,他奋进不屈的意志和精神,是时代的写照和宝藏。

感谢薛老及其夫人禾青!谢谢大家!

金 波

2024 年 7 月

图书在版编目(CIP)数据

轮椅"歌痴"交响曲:薛范/金波著. —上海:
上海文化出版社,2024.9. —(海上谈艺录).
ISBN 978 - 7 - 5535 - 3025 - 3

Ⅰ. K825.5

中国国家版本馆 CIP 数据核字第 20244TA428 号

出 版 人:姜逸青
责任编辑:黄慧鸣
封面设计:汤 靖

策 划:上海市文学艺术界联合会 上海世纪出版集团
统 筹:胡凌虹 陈志强
特约编审:司徒伟智 徐牲民
编 务:毛怡芳

丛 书 名:海上谈艺录
主 编:上海市文学艺术界联合会 上海文学院
书 名:轮椅"歌痴"交响曲·薛范
作 者:金 波
出 版:上海世纪出版集团 上海文化出版社
地 址:上海市闵行区号景路 159 弄 A 座三楼 201101
发 行:上海文艺出版社发行中心
上海市闵行区号景路 159 弄 A 座二楼 201101 www.ewen.co
印 刷:苏州市越洋印刷有限公司
开 本:787×1092 1/16
印 张:9.25 彩插:2
印 次:2024 年 9 月第一版 2024 年 9 月第一次印刷
书 号:ISBN 978 - 7 - 5535 - 3025 - 3/K · 333
定 价:48.00 元
告 读 者:如发现本书有质量问题请与印刷厂质量科联系 T:0512 - 68180628